Kurt Franz und Claudia Maria Pecher

Kennst du die Brüder Grimm?

Kennst du die Brüder Grimm?

Texte von Jacob und Wilhelm Grimm
für junge Leser ausgewählt
und vorgestellt von

Kurt Franz und Claudia Maria Pecher

Bertuch

Bertuchs Weltliteratur für junge Leser

HERAUSGEBER: Wolfgang Brekle

BAND 13: Kennst du die Brüder Grimm?

www.bertuch-verlag.de

REIHENGESTALTUNG: Graphische Betriebe Rudolf Keßner Weimar

UMSCHLAG: Albert Schindehütte, Hamburg

GESAMTHERSTELLUNG: Graphische Betriebe Rudolf Keßner Weimar

ISBN: 978-3-86397-004-8

Inhalt

Jacob und Wilhelm Grimm – ein berühmtes Brüderpaar

»Es waren einmal zwei Brüder …«

Wilhelm Grimm

Jacob Grimm

Jacob Grimm hat im Alter rückblickend über sich und seinen Bruder Wilhelm einmal geschrieben:

Schnell dahingeronnen ist unser Leben, wir hatten unsere Kräfte ehrlich angesetzt, dass unter den nächstfolgenden Menschen unser Andenken noch unverschollen sein wird, hernach mag es zuwachsen.

Immerhin hatte er den Anspruch, noch in die folgende Generation hineinzuwirken. Aber wie sehr hat er sich getäuscht, denn vielen nachfolgenden Generationen sind die Brüder Grimm und ihre Werke aufs engste vertraut, und das bis heute.

Wer kennt sie nicht die Brüder Grimm?

Fast jeder kennt sie, ob Erwachsener oder Kind, nicht nur in Deutschland, sondern auch in vielen Ländern auf der ganzen Welt. Man weiß auch, dass es sich um zwei Brüder handelt, die besonders mit ihren »Kinder- und Hausmärchen« so berühmt geworden sind. Allerdings sind ihre Vornamen, Jacob[1] und Wilhelm, schon nicht mehr so allgemein bekannt. Aber noch weniger weiß man, dass die beiden mehrere Geschwister hatten, nämlich sechs Brüder, von denen aber drei schon nach einem Jahr starben, dazu noch eine Schwester. Die Grimms waren also eine recht große Familie, was früher nicht außergewöhnlich war, ebenso wie die sehr hohe Kindersterblichkeit.

1 ›Jakob‹ ist ein beliebter biblischer Name, der früher im Deutschen meist mit ›c‹ geschrieben wurde; diese Form wird hier, außer in Zitaten, durchgehend beibehalten.

Eine Gemeinschaft fürs Leben

»Wir wollen uns einmal nie trennen«

Vorzeichnung zu der Radierung Ludwig Emil Grimms, 1843

Richtig bekannt geworden sind aber nur Jacob, der um ein Jahr ältere, und Wilhelm, die man als eine feste Einheit kennt und bei denen man nur von den »Brüdern Grimm«, früher auch von den »Gebrüdern Grimm« spricht. Auch der jüngere Bruder Ludwig Emil hat sich einen Namen als »Malerbruder« der beiden gemacht. Von ihm stammen ganz wichtige Darstellungen seiner Eltern, seiner Geschwister, von Freunden und Bekannten, wie du in diesem Buch immer wieder feststellen kannst. Er schuf aber auch die Illustrationen für die erste bebilderte Märchenausgabe seiner Brüder in Deutschland.

Jacob und Wilhelm Grimm waren lebenslang privat und beruflich so fest und innig miteinander verbunden wie kaum ein zweites bekanntes Geschwisterpaar.

Auch in den Märchen von Jacob und Wilhelm wird das hohe Lied auf unverbrüchliche Geschwisterliebe und lebenslange treue Freundschaft ganz besonders nachdrücklich gesungen, ob in »Hänsel und Gretel«, »Die zwei Brüder« oder »Brüderchen und Schwesterchen«. Und am Anfang von »Schneeweißchen und Rosenrot« versprechen sich die Schwestern: »Wir wollen uns nicht verlassen …, so lange wir leben, nicht.« *Aber dazu fällt dir bestimmt noch sehr viel mehr ein, denn diese Zweiheit zieht sich durch das ganze Leben und Schaffen der Brüder Grimm.*

Jacob und Wilhelm waren von klein auf zusammen, gingen miteinander in die Schule, studierten gemeinsam, wohnten das ganze Leben lang, so gut es überhaupt nur ging, beisammen und schufen gemeinsam großartige Werke.

Jacob überlebte seinen jüngeren Bruder Wilhelm um vier Jahre. Er hat selbst das schönste Zeugnis für diese Unzertrennlichkeit geliefert, und zwar bei der Gedächtnisrede auf Wilhelm:

So nahm uns denn in den langsam schleichenden Schuljahren ein Bett auf und ein Stübchen, da saßen wir an einem und demselben Tisch arbeitend, hernach in der Studentenzeit standen zwei Betten und zwei Tische in derselben Stube, im späteren Leben noch immer zwei Arbeitstische in dem nämlichen Zimmer, endlich bis zuletzt in zwei Zimmern nebeneinander, immer unter einem Dach in gänzlicher unangefochten und ungestört beibehaltener Gemeinschaft unserer Habe und Bücher, mit Ausnahme weniger, die jedem gleich zur Hand liegen mussten und darum doppelt gekauft wurden. Auch unsere letzten Betten, hat es allen Anschein, werden wieder dicht nebeneinander gemacht sein […].

Diese enge Beziehung der Brüder besteht von Anfang an. Ein frühes Zeugnis ist eine Eintragung Jacobs in Wilhelms Stammbuch:

Mit einem Liebe-Meer möcht' ich dich fassen.
Zum einzgen Freund müsst' ich Dich erwählen,

Wenn nicht Natur Dich mir schon überlassen.
Du ewge selge Lieb inwohnst uns beiden!
Noch Tod, noch süßes Leben mag uns scheiden.

Als die Brüder das erste Mal getrennt sind, schreibt Wilhelm an Jacob: Von den ersten Tagen an weiß ich Dir nichts zu sagen, als dass ich sehr traurig war, und noch jetzt bin ich wehmütig und möchte weinen, wenn ich daran denke, dass Du fort bist. Wie Du weggingst, da glaubte ich, es würde mein Herz zerreißen, ich konnte es nicht ausstehen, gewiss, Du weißt nicht, wie lieb ich Dich habe. Wenn ich abends allein war, meinte ich, müsstest Du aus jeder Ecke hervorkommen.

Es ist schon erstaunlich, dass ein brüderliches Verhältnis über Jahrzehnte so ungetrübt verläuft und dass selbst kurze Trennungen schmerzhaft wahrgenommen und vermerkt werden.

Als Jacob 1805 das Angebot seines Universitätslehrers Friedrich Carl von Savigny annimmt, ihn von Januar bis September bei seinen rechtshistorischen Studien in Paris zu unterstützen, werden sich die Brüder durch die lange Trennung immer mehr bewusst, dass für sie nur eine weitgehend gemeinsame Lebensplanung in Frage kommen kann. So schreibt Jacob im Juli aus Paris an seinen Bruder Wilhelm:

Wir wollen uns einmal nie trennen, und gesetzt, man wollte einen anderswohin tun, so müsste der andere gleich aufsagen[2]. Wir sind nun diese Gemeinschaft so gewohnt, dass mich schon das Vereinzeln zum Tode betrüben könnte.

Und Wilhelm antwortet ihm: Was Du schreibst von Zusammenbleiben […] hat mich gerührt. Das ist immer mein Wunsch gewesen, denn ich fühle, dass mich niemand so lieb hat als Du, und ich liebe Dich gewiss ebenso herzlich.

2 aufkündigen, absagen

Wie eng das Verhältnis der Brüder bis zum Lebensende ist, kann nichts eindrucksvoller zeigen als die Bemerkung Jacobs in einem Brief vom 17. Dezember 1859: Was hab ich Ihnen zu melden! Gestern [...] ist Wilhelm, die Hälfte von mir, gestorben.

Von dieser engen Verbindung her ist es zu verstehen, dass hier das Leben von zwei Menschen, die natürlich auch unterschiedliche Charakterzüge aufwiesen, in einem Lebenslauf erzählt wird oder überhaupt nur so erzählt werden kann. Selbst über den Tod hinaus sind Jacob und Wilhelm nicht voneinander zu trennen.

Aber wo beginnt nun die Geschichte der berühmten Brüder, und wo endet sie?

Die Lebens- und Wirkungsstationen von Jacob und Wilhelm kannst du heute sehr gut auf der Landkarte verfolgen, denn ausgelöst durch die Berühmtheit ihrer Märchen gibt es seit 1975 die »Deutsche Märchenstraße«. Sie führt über etwa 600 Kilometer von Hanau bis nach Bremen, durch viele Städte und herrliche Landschaften. So kannst du hier auf einer abwechslungsreichen Reise viele Orte besuchen, die etwas mit den Brüdern Grimm und ihren Märchen zu tun haben, aber auch mit Sagen, Schwänken und anderen Geschichten wie denen vom Lügenbaron Münchhausen und »Max und Moritz« von Wilhelm Busch.

Auch wenn Berlin, die letzte Lebensstation der Brüder Grimm, davon abseits liegt, kann man entlang der »Deutschen Märchenstraße« zahlreiche Bauwerke wie das Wohnhaus der Brüder Grimm in Steinau, Ausstellungen wie das »Brüder Grimm-Museum« in Kassel oder Kunstwerke wie die Figurengruppe der »Bremer Stadtmusikanten« in Bremen besichtigen, aber auch Feste und Veranstaltungen bieten das ganze Jahr hindurch viel Abwechslung. Auf dieser Reiseroute verschmelzen Lebens- und Erzählwelt der Brüder Grimm.

Übersichtskarte
»Deutsche Märchenstraße«

Erinnerungen an Hanau und Steinau

»Im Rathaushof spielten wir oft«

Die Eltern Wilhelm und Dorothea Grimm

Jacob und Wilhelm Grimm sind in Hanau, einer alten Stadt in der Nähe von Frankfurt am Main, geboren. Ihr Vater, der Hofgerichtsadvokat Philipp Wilhelm Grimm, hatte 1783 Dorothea Zimmer, die Tochter eines Kanzleirats aus Kassel, geheiratet. Ihr erster Sohn, Friedrich Hermann, der noch im selben Jahr zur Welt kam, starb schon nach wenigen Monaten.

Am 4. Januar 1785 wird Jacob Ludwig Carl geboren und ein Jahr später, am 24. Februar 1786, sein Bruder Wilhelm Carl, die beiden, die ein Leben lang eng miteinander verbunden bleiben und es gemeinsam zu Weltruhm bringen sollten. Allerdings folgen in kurzen Abständen noch mehrere Brüder: Carl Friedrich, Ferdinand Philipp, Ludwig Emil, dazu noch eine Schwester, Charlotte Amalie, die Malchen oder auch Lottchen genannt wurde.

Beide Brüder denken später immer wieder gerne an ihre Kindheit in Hanau zurück. Wilhelm besucht später einmal das Haus, in dem die Familie gewohnt hatte. Er erinnert sich dabei noch an die Einrichtung und den Pfirsichbaum im Garten, dessen rote Blüten ihn so erfreut hatten. Dabei fallen ihm noch weitere prägende Erlebnisse ein:

Im Jahr 1790 hatte der Landgraf von Hessen zum Schutz der Kaiserwahl [Leopolds II.] bei der Frankfurt naheliegenden Stadt Bergen ein beträchtliches Korps zusammengezogen; um die große Revue an einem festlichen Tage mit anzusehen, waren die Eltern in das Lager hinausgefahren, und ich besinne mich deutlich, wie ich, zum Kutschenfenster herausschauend, die Regimenter mit den im Sonnenschein blitzenden Gewehren vorübermarschieren sah und der Donner der Kanonen jedesmal den Wagen erschütterte. Nicht minder lebhaft steht mir noch in Gedanken, wie wir beide, Jacob und ich, Hand in Hand über den Markt der Neustadt zu einem französischen Sprachlehrer gingen, der neben der Kirche wohnte, und in kindischer Freude stehenblieben, um dem goldenen Hahn auf der Spitze des Turmes zuzusehen, der sich im Winde hin und her drehte.

Das Geburtshaus der Brüder Grimm in Hanau. Zeitgenössische kolorierte Zeichnung

Zwei Wege waren es besonders, die wir gemeinschaftlich machten, den einen zu der Schwester des Vaters, einer kinderlosen Witwe, die in unserer Nähe wohnte, den anderen zu den Eltern der Mutter. Die Tante war eine verständige, wohlmeinende, aber ernste Frau, die uns den ersten Unterricht gab und einen großen Einfluss ausübte, da ihre Autorität unbedingt galt. [...] Sie hatte eine Vorliebe für Jacob [...]. Die Mutter erzählte wenigstens gerne, er habe schon lesen können, bevor andere Kinder anfangen zu lernen, und eine ganze Gesellschaft so sehr in Verwunderung gesetzt, dass alle sich hätten überzeugen wollen, ob er wirklich aus einem Buch ablese.

Im Jahre 1791 zieht die Familie Grimm von Hanau nach Steinau im hessischen Kinzigtal um, weil der Vater hier Amtmann wird. An diese Zeit hat Jacob die heftigsten Kindheitserinnerungen, und der Vater erscheint

Das Wohnhaus der Familie Grimm in Steinau

ihm als ein höchst arbeitssamer, ordentlicher, liebevoller Mann, *der in seiner Stube auf größte Sauberkeit und Ordnung achtete und bei den Kindern auf die richtige religiöse Erziehung bedacht war. In welche Richtung das ging und wie stark dies seine lebenslange religiöse Haltung prägte, beschreibt Jacob.*

Wir Geschwister wurden alle, ohne dass viel davon die Rede war, aber durch Tat und Beispiel streng reformiert erzogen.[3] Und noch jetzt ist es mir, als wenn ich nur in einer ganz einfachen, nach reformierter Weise eingerichteten Kirche recht von Grund andächtig sein könnte; so fest hängt sich aller Glaube an die ersten Eindrücke der Kindheit. […]

An die Familienfeste denkt man gerne zurück, besonders an das Weihnachtsfest, woran sich Jacob später liebevoll erinnert:

Welch ein feierlicher, geheimnisvoller Tag war dies sonst für mich! Da wurden wir abgesondert, durften das mysteriöse Zimmer nicht betreten – wir lauschten, endlich wurde geschellt. Den Eintretenden fiel gleich der holde

Die Mutter beim Essenkochen.
Aquarell von Jacob Grimm, 1800

3 Auch »evangelisch-reformierte Kirche«; auf den Reformator Calvin zurückgehende strenge Richtung innerhalb der christlichen Konfessionen mit schlichten Kirchenräumen

Christbaum in die Augen, überhangen mit goldnen und silbernen Äpfeln, zarte Lichterlein brannten darauf. Daneben standen Teller mit Nüssen, Äpfeln pp.[4], wohl auch eine Schaumünze. Welche wahre Freude, ich dachte nichts anders, alles war vergessen.

Neben der Religion war den Eltern und Lehrern ein großes Anliegen, bei den Kindern auch die unerschütterliche Liebe zum Vaterland, speziell zu Hessen, zu erwecken. Diese Heimatliebe lebten ihnen die Eltern intensiv vor und diese blieb auch in den Kindern das ganze Leben lang fest verwurzelt. Aber dass deren Einstellung zum Lehrer und zum Unterricht nicht viel anders war als bei den heutigen Schülern, geht aus einer kurzen Schilderung Jacobs hervor:

Der Steinauer Stadtpraeceptor Johann Georg Zinckhan. Er war berüchtigt wegen seiner Prügelstrafen. Hier hält er eine seiner Peitschen in der Hand, vor ihm liegt die lateinische Grammatik und unten steht sein Lieblingsspruch: »Des Deiwels« (Des Teufels).

Wir wurden bei einem Stadtpraeceptor Zinckhan unterrichtet, von dem wenig zu lernen war, außer Fleiß und strenge Aufmerksamkeit, aber aus dessen charakteristischem Benehmen uns eine Menge ergötzlicher Späße, Redensarten und Manieren zurückgeblieben ist. Den Zeiger auf dem weißen Ziffernblatt der nämlichen Wanduhr, die schon damals in der elterlichen Stube stand und noch jetzt in meiner Wohnung geht, sehe ich mir manchmal darauf an, ob er mir die Ankunft oder das ersehnte Weggehen des Schulmeisters in dem himmelblauen Rock mit schwarzer Hose und Weste ankündigte.

Die Lebenserwartung der Menschen damals war bedeutend geringer als heute. Fast

4 Abkürzung für lateinisch ›perge perge‹: fahre fort; auch in der Verbindung: etc. pp.

jeder Mensch wurde von Krankheiten heimgesucht, die uns heute kaum noch bekannt sind, weil sie inzwischen durch die Fortschritte der Medizin erfolgreich bekämpft werden konnten. Über eine dieser Krankheiten berichtet Wilhelm:

Ich erfreute mich in der ersten Jugend der vollkommensten Gesundheit und tat es darin allen Geschwistern zuvor; ich erinnere mich nicht einmal eines leichten Übelbefindens und selbst die Blattern[5], an welchen wir Geschwister alle darniederlagen, konnten mir nichts anhaben. Jakob war von dieser furchtbaren Krankheit heftig ergriffen, das ganze Gesicht, auch die Augen waren bedeckt, und fünf oder sechs Tage lag er völlig erblindet. Ich weiß noch, wie er nach seiner Genesung zum erstenmal an einem sonnigen Tage spazieren gefahren wurde und mit dem fleckigen und narbigen Gesichte, aber ganz unentstellten Zügen, im Wagen saß. Die Narben sind hernach bis auf wenige Spuren völlig veschwunden, und der natürliche Ausdruck hat im mindesten nicht gelitten. […]

Allerdings sollte es später Wilhelm sein, um dessen Gesundheit es viel schlechter bestellt war als bei seinem Bruder Jacob. Beim Studium an der Universität Marburg erkrankt er 1802, also mit 16 Jahren, zum ersten Mal schwer. Von da an werden ihn verschiedene Krankheiten sein Leben lang stark belasten.

---

5 Pocken: eine durch Viren verursachte Infektionskrankheit

Schulzeit in Kassel – Studium in Marburg

»Im ganzen hatte man uns doch zu viel aufgelastet«

Schon 1796 stirbt der Vater im Alter von 45 Jahren. Das ist ein schwerer Schicksalsschlag für die große Familie, denn die Mutter muss nun sechs Kinder durchbringen. Die finanzielle Not ist groß, doch leistet eine Schwester der Mutter wichtige Hilfe, worüber Jacob, der nun mit 11 Jahren das männliche Familienoberhaupt ist, in seiner Selbstbiographie berichtet:

Das Vermögen der Mutter war schmal und sie hätte uns sechs Kinder schwer auferziehen können, wenn nicht eine ihrer Schwestern, Henriette Philippine Zimmer, die von der reinsten, aufopfernden Liebe zu uns beseelt war, sie treulich unterstützt hätte. Diese ließ mich und meinen Bruder Wilhelm also im Jahre 1798 nach Kassel kommen und in Kost geben, damit wir uns auf dem dortigen Lyzeum ausbilden sollten.

Wie schwer der Abschied von Steinau, von der Mutter und den Geschwistern den Brüdern fällt, geht aus einer Aufzeichnung Wilhelms hervor:

Wie wir zum ersten Male weggingen nach Kassel, ist mir am lebhaftesten der Augenblick, wo wir aus der Stadt fuhren. Wir saßen in der Kronenwirtskutsche, ich vorwärts und sah in der Ferne unsern Biengarten mit den weißen Steinpfosten und dem roten Gittertor und ein großer Nebel lag darauf, ich dachte an all die Zeit, die ich darin zugebracht, sie war mir aber als ganz fern und als liege ein großer Graben dazwischen und ich sei ganz abgeschnitten davon und fange nun etwas Neues an.

Für einige Jahre besuchen nun Jacob und Wilhelm das Lyceum Fridericianum, also das Gymnasium, und zwar als »Kostgänger«; das heißt, sie wohnen gegen Bezahlung in Kassel und werden auch sonst »verköstigt«, also mit allem Lebenswichtigen versorgt. Von allen Seiten, vom Großvater und von der Mutter, erhalten sie noch mahnende und aufmunternde Worte, nur ja in Gottesfurcht zu leben und recht fleißig zu sein. Aber das tun die Brüder ohnehin, auch wenn der Anfang schwer ist, wie sich Jacob erinnert:

Ich konnte erst in Unterquarta[6] gesetzt werden, so sehr war ich noch zurück, aber nicht durch meine Schuld, sondern durch bloßen Mangel an Unterricht, denn ich hatte von Jugend auf eine ungeduldige, anhaltende Lernbegierde. Jetzt rückte ich schnell durch alle Klassen hinauf und war wohl fast immer ein Primus [...].

Der Unterricht an dieser Schule scheint ihm doch etwas mangelhaft, und er klagt darüber, dass zu viel Zeit den Fächern Geographie, Naturgeschichte, Anthropologie, Moral, Physik, Logik und Philosophie gewidmet würde und dass den philologischen und historischen Fächern, welche die Seele aller Jugenderziehung sein müssten, zu wenig Aufmerksamkeit zukäme. Hier zeigt sich schon ganz deutlich die starke Neigung Jacobs und seines Bruders zur Sprache und zur Geschichte.

Und auch Wilhelm erinnert sich, dass er großen Lerneifer zeigte, wie es auch sehr nötig war, doch hat er auch hier mit gesundheitlichen Problemen, mit Scharlach, Atembeschwerden und Brustschmerzen, zu kämpfen.

Neben dem Schulunterricht ist das Zeichnen eine der Lieblingsbeschäftigungen von Jacob und Wilhelm, aber auch das Sammeln von Pflanzen, Steinen und anderen schönen Dingen. Das Hauptaugenmerk der beiden Brüder gilt allerdings den Büchern, was auch ihr Leben lang so bleiben sollte. Bei Trödlern und Antiquaren suchen sie danach und kaufen alles, was für sie einigermaßen erschwinglich ist. Sie sind von einer echten Lesesucht befallen und begeistern sich an rührseligen Familienromanen ebenso wie an Ritterromanen, Sagen und Märchen.

6 Entspricht etwa der 3. Klasse des Gymnasiums, also heute dem 7. Schuljahr.

Marburg: Universität und Schloss. Bleistiftzeichnung von Carl Johann Arnold

Ab 1802 nimmt Jacob an der Universität Marburg das Studium der Rechtswissenschaften auf: Jura studierte ich hauptsächlich, weil mein sel. Vater Jurist war und es die Mutter so am liebsten hatte. *Aus wirtschaftlichen Gründen soll alles sehr schnell gehen, allerdings kann Wilhelm dort erst ein Jahr später dasselbe Studium antreten, weil er wegen seines schweren Asthmas ein halbes Jahr lang nicht einmal sein Zimmer verlassen durfte.*

Aber dann gefällt es den Brüdern in der romantisch gelegenen Universitätsstadt, in der man seine Beine rühren und Treppe auf, Treppe ab steigen *muss, recht gut, auch wenn sie ganz sparsam leben müssen.*

Ein Glücksfall für beide Brüder, vor allem Jacob, ist ihr Professor Friedrich Carl von Savigny, der die Begabung erkennt und beide persönlich fördert. Dies war früher noch leichter möglich, da zu dieser Zeit nur insgesamt 200 Studenten an der Marburger Universität eingeschrieben waren.

Die Brüder studieren zügig, da sie der Mutter und ihren unversorgten Geschwistern möglichst bald unter die Arme greifen wollen, doch zeigt sich ziemlich schnell, dass ihre Neigung immer mehr der alten deutschen Literatur gilt. Und ihr verehrter Rechtsprofessor Savigny schürt diese Leidenschaft unwillkürlich noch mehr, denn durch ihn kommen sie mit dem Geist der Romantik in Berührung und gelangen an Bücher, wie etwa Ludwig Tiecks »Minnelieder aus dem schwäbischen Zeitalter«, die sie voll in ihren Bann ziehen und sie das ganze Leben lang nicht mehr loslassen.

Noch bevor er sein Examen abschließt, reist Jacob 1805 mit Savigny nach Paris, um ihm bei rechtswissenschaftlichen Studien zu helfen. Die geistige Metropole Europas, in der Napoleon ein Jahr zuvor zum Kaiser gekrönt worden war und in die Jacob später noch öfter kommen sollte, gefällt ihm architektonisch nicht besonders. Doch er nimmt prägende Eindrücke mit nach Hause, von den Theater- und Museumsbesuchen und besonders von den mittelalterlichen Handschriften, in die er sich in seiner Freizeit vertieft.

Im Herbst reist Jacob nach Kassel, wo inzwischen seine Mutter mit den Geschwistern eine Wohnung bezogen hatte, so dass die Familie wieder einen festen Anlaufpunkt hat. Auch Wilhelm, der 1806 sein juristisches Examen ablegt, hat wenig Lust, diese Laufbahn weiter zu verfolgen, und begibt sich ebenfalls gleich in den Schoß der Familie zurück. Nun folgen lange Jahre in Kassel, die zum Teil friedlich, aber nicht frei von weiteren Schicksalsschlägen verlaufen. Erst 1830 wird wieder ein entscheidender Wechsel vollzogen.

Den Märchen auf der Spur

»Das Sammeln und Vervielfältigen tut vor allem andern not«

Seit ihrer Rückkehr nach Kassel 1806 beginnen die Brüder Jacob und Wilhelm verstärkt Märchen und Sagen zusammenzutragen, denn sie sind überzeugt: Das Sammeln und Vervielfältigen tut vor allem andern not.

Angeregt werden sie besonders durch die bekannten romantischen Dichter Achim von Arnim (1781–1831) und Clemens Brentano (1778–1842). Ihn hatten sie schon bei ihrem Studium in Marburg kennengelernt. Wie herzlich das Verhältnis war, geht aus einigen Zeilen Brentanos an Arnim von 1807 hervor:

Ich habe hier zwei sehr liebe, liebe altdeutsche vertraute Freunde, Grimm genannt, welche ich früher für die alte Poesie interessiert hatte und die ich nun nach zwei Jahren langem fleißigen, sehr konsequenten Studium so gelehrt und so reich an Notizen, Erfahrungen und den vielseitigsten Ansichten der ganzen romantischen Poesie wiedergefunden habe, dass ich bei ihrer Bescheidenheit über den Schatz, den sie besitzen, erschrocken bin. […] Ihre Frömmigkeit ist rührend, mit welcher sie sich alle die gedruckten alten Gedichte, die sie aus Armut nicht kaufen konnten […], äußerst zierlich abgeschrieben haben. […] Sie werden uns alles, was sie besitzen, noch mitteilen, und das ist viel! Du wirst diese trefflichen Menschen, welche ruhig arbeiten, um einst eine tüchtige teutsche poetische Geschichte zu schreiben, sehr lieb gewinnen.

Das wichtigste und folgenreichste Werk Arnims und Brentanos und eines der bedeutendsten der Romantik überhaupt ist die Gedichtsammlung »Des Knaben Wunderhorn«, die 1806 und 1808 in drei Teilen erschien und im dritten Teil einen Anhang »Kinderlieder« hat. Brentano hat seinen Freund Arnim einmal darauf hingewiesen, dass Jacob Grimm ein guter Mensch *sei, weil er in Kassel* Lieder für uns *sammle. Tatsächlich haben die Brüder Grimm mindestens 28 Lieder beigesteuert und waren damit die zweitwichtigsten Beiträger für das »Wunderhorn«. Einige bekannte Kinderlieder stammen von Wilhelm, unter anderem:* »Schlaf, Kindlein, schlaf / Der Vater hüt die Schaf«, »Maikäferchen, Maikäferchen, fliege weg, / dein Häuschen brennt«, »Tross, Tross, Trull / der Bauer hat ein Füll«, »Es regnet / Gott segnet«.

Titel von »Des Knaben Wunderhorn«, Band 2, 1808. Stich von Philipp Otto Runge

Arnim und Brentano haben die Brüder Grimm nicht nur entscheidend angeregt. Das begeisterte Sammeln der Romantiker, die Rückwendung in die eigene Vergangenheit und das Bewahren alten deutschen Literaturgutes hatte verschiedene Gründe, nicht zuletzt auch politische. 1806 wurde das Deutsche Reich formell aufgelöst. Napoleon hatte immer mehr Macht hinzugewonnen, nachdem er die Preußen in einer Doppelschlacht bei Jena und Auerstedt vernichtend geschlagen hatte. Preußen musste große Gebiete im Osten abgeben und wurde bis über die Elbe zurückgedrängt. Im Westen gründete Napoleon das neue Königreich Westfalen, zu dem unter anderem auch Kurhessen gehörte. Nachdem die Franzosen die kurhessische Hauptstadt besetzt hatten und der bisherige Kurfürst Wilhelm I. außer Landes war, wurde Napoleons Bruder Jérôme neuer König.

Die Familie Grimm macht jetzt schwere Zeiten durch. Im Mai 1808 stirbt die Mutter mit 52 Jahren und Jacob empfindet den tiefsten Schmerz, der mich in meinem ganzen Leben betroffen hat. *So ist er froh, dass er die Stelle eines Privatbibliothekars beim König antreten kann, denn er muss jetzt auch seine verwaisten Geschwister mit versorgen. Trotzdem haben er und sein Bruder Wilhelm die Möglichkeit, sich ihren Studien zu widmen.*

Überall wird jetzt nach Märchen gesucht. Als Wilhelm sich 1809 zur Kur in Halle aufhält, fragt Jacob bei ihm an: Sind dort keine neuen Kindermärchen? *Und Wilhelm antwortet:* Nach Kindermärchen habe ich mich hier längst erkundigt.

Auf dem Rückweg tut Wilhelm das, was damals in Deutschland, ja selbst in Europa zum guten Ton gehörte: Er besucht den großen Dichterfürsten Goethe in Weimar und ist tief beeindruckt von ihm: Ich hatte nun sein Bild oft gesehen und wusste es auswendig, und dennoch, wie wurde ich überrascht über die Hoheit, Vollendung, Einfachheit und Güte dieses Angesichts.

Die Brüder Grimm sammeln weiter eifrig Märchen und notieren sich Auszüge aus vielen alten Geschichtensammlungen von Hans Sachs oder Hans Wilhelm Kirchhoff aus dem 16. Jahrhundert. Das bekannte Märchen

»Jorinde und Joringel« sowie die kurzen lehrhaften Geschichten »Der alte Großvater und der Enkel« und »Die alte Bettelfrau« übernehmen die Brüder Grimm aus Heinrich Jung-Stillings Selbstbiographie von 1777/1778. Vor allem aber lassen sie sich Märchentexte zuschicken und tragen Märchen zusammen, die in ihrem Freundes- und Bekanntenkreis erzählt werden.

»Von dem Fischer und seiner Frau«. Briefmarke, 1997

Ganz entscheidend für das weitere Sammeln werden für die Brüder Grimm zwei Märchentexte, die von dem romantischen Maler Philipp Otto Runge (1777–1810) stammen: »Von dem Fischer un syner Fru« und »Von dem Machandelboom«. Als Runge den ersten Band von »Des Knaben Wunderhorn« erhalten hat, schickt er zum Dank die beiden plattdeutschen Märchen an den Heidelberger Verleger Zimmer: Ich sende Ihnen hiebei zwei plattdeutsche Döhnchen[7], wie sie die Kinderfrauen wohl erzählen. Man findet sie selten so vollständig und ich habe mich bemüht, sie so aufzuschreiben, wie sie sich anhören.

Ihre Texte »so aufzuschreiben, wie sie sich anhören«, das wollen auch die Brüder Grimm, und so erheben sie die beiden Runge-Texte, die allgemein sehr positiv aufgenommen werden, zum absoluten Muster für ihre weitere Arbeit. Wegen ihrer Ursprünglichkeit werden beide Märchen von den Brüdern Grimm in den ersten Band ihrer »Kinder- und Hausmärchen« aufgenommen.

Für den, der die plattdeutsche Mundart nicht beherrscht, ist es natürlich schwer, einen solchen Text zu verstehen. Das wird dir selbst beim Lesen wohl auch schnell klar. Freilich ist es am wirkungsvollsten, wenn ein solches Märchen von jemandem erzählt wird, der diesen Dialekt beherrscht. Trotzdem soll hier eines der so wichtigen Vorbilder in dieser schönen alten Sprache zumindest teilweise vorgestellt werden.

---

7 Geschichtchen zur Unterhaltung

Von dem Fischer un syner Fru (KHM 19)

Dar wöör maal eens en Fischer un syne Fru, de waanden tosamen in'n Pißputt, dicht an der See, un de Fischer güng alle Dage hen un angeld: un he angeld un angeld.

So seet he ook eens by de Angel un seeg jümmer in dat blanke Water henin: un he seet un seet.

Do güng de Angel to Grund, deep ünner, un as he se heruphaald, so haald he enen grooten Butt heruut. Do säd de Butt to em »Hör mal, Fischer, ik bidd dy, laat my lewen, ik bün keen rechten Butt, ik bün'n verwünschten Prins. Wat helpt dy dat, dat du my doot maakst? Ik würr dy doch nich recht smecken: sett my wedder in dat Water un laat my swemmen.« »Nu«, säd de Mann, »du bruukst nich so veel Wöörd to maken, eenen Butt, de spreken kann, hadd ik doch wol swemmen laten.« Mit des sett't he em wedder in dat blanke Water, do güng de Butt to Grund un leet enen langen Strypen Bloot achter sik. So stünn de Fischer up un güng na syne Fru in'n Pißputt.

»Mann«, säd de Fru, »hest du hüüt niks fungen?« »Ne«, säd de Mann, »ik füng enen Butt, de säd, he wöör en verwünschten Prins, do hebb ik em wedder swemmen laten.« »Hest du dy denn niks wünschd?« säd de Fru. »Ne«, säd de Mann, »wat schull ik my wünschen?« »Ach«, säd de Fru, »dat is doch äwel, hyr man jümmer in'n Pißputt to waanen, dat stinkt un is so eeklig: du haddst uns doch ene lüttje Hütt wünschen kunnt. Ga noch hen un roop em: segg em, wy wählt 'ne lüttje Hütt hebben, he dait dat gewiß.« »Ach«, säd de Mann, »wat schull ik door noch hengaan?« »I«, säd de Fru, »du haddst em doch fungen, un hest em wedder swemmen laten, he dait dat gewiß. Ga glyk hen.« De Mann wull noch nich recht, wull awerst syn Fru ook nich to weddern syn un güng hen na der See.

As he door köhm, wöör de See ganß gröön un geel un goor nich meer so blank. So güng he staan und säd:

»Manntje, Manntje, Timpe Te,
Buttje, Buttje in der See,
myne Fru de Ilsebill
will nich so, as ik wol will.«

[…]

Du wirst ja wissen, wie es weitergeht: Der Fisch erfüllt den Wunsch, und der Fischer und seine Frau wohnen jetzt in einer Hütte. Aber nicht genug damit; die Frau will immer mehr, und so muss ihr Mann noch weitere fünfmal den schweren Bittgang zum Meer antreten. Und je größer der Wunsch wird, um so stärker verändert sich auch die Natur, das Wasser verfärbt sich, rauscht und tobt und stinkt immer mehr, so dass dem Fischer auch immer bänger wird. Man kann sich das so richtig in Bildern vorstellen, was natürlich auch einen Maler wie Philipp Otto Runge fasziniert hat, dieses Zusammenspiel aller Sinneseindrücke.

Du wirst allerdings dieses Märchen fast nur noch in hochdeutscher Übertragung finden, häufig auch als Bilderbuch gestaltet. Denn wer würde ein Buch kaufen in einer Sprache, die er kaum versteht! Hier noch einmal der Anfang dieses Märchens in hochdeutscher Übertragung.

Von dem Fischer und seiner Frau

Es war einmal ein Fischer und seine Frau, die wohnten zusammen in einem alten Potte, dicht an der See, und der Fischer ging alle Tage hin und angelte; und er angelte und angelte. So saß er auch einst bei der Angel und sah immer in das klare Wasser hinein; und er saß und saß.

Da ging die Angel auf den Grund, tief hinunter, und als er sie heraufholte, zog er einen großen Butt heraus. Da sagte der Fisch zu ihm: »Hör mal, Fischer, ich bitte dich, lass mich leben, ich bin kein rechter Fisch, ich bin ein verwünschter Prinz. Was hilft es dir, wenn du mich totmachst? Ich würde dir doch nicht recht schmecken; setze mich wieder ins Wasser und lass mich schwimmen.« »Nun«, sagte der Mann, »du brauchst nicht so viele Worte zu machen; einen Fisch, der sprechen kann, hätte ich so schon schwimmen lassen.« Damit setzte er ihn wieder ins klare Wasser; da ging der Fisch auf den Grund und zog einen langen Streifen Blut nach sich. Nun stand der Fischer auf und ging zu seiner Frau in den Pott. »Mann«, sagte die Frau, »hast du heute nichts gefangen?« »Nein«, sagte der Mann, »ich fing einen Fisch, der sagte, er wäre ein verwünschter Prinz, da hab' ich ihn wieder schwimmen lassen.« »Hast du dir denn nichts gewünscht?«, fragte die Frau. »Nein«, sagte der Mann, »was sollt' ich mir wünschen?« »Ach«, sagte die Frau, »das ist doch schlimm, hier immer so im Potte zu wohnen; es ist eklig und stinkt. Du hättest uns doch eine kleine Hütte wünschen können. Geh noch einmal hin und rufe ihn; sag ihm, wir möchten gern eine kleine Hütte haben, er tut es gewiss.« »Ach«, sagte der Mann, »was sollt' ich noch einmal hingehen?« »Ei«, sagte die Frau, »du hattest ihn doch gefangen und hast ihn wieder schwimmen lassen, er tut es gewiss. Geh gleich hin.« Der Mann wollte noch nicht recht, wollte aber seiner Frau nicht zuwider sein und ging hin an die See.

Als er dort ankam, war die See ganz grün und gelb und gar nicht mehr so klar. So stellte er sich hin und sagte:

»Manntje, Manntje, Timpe Te,
Buttje, Buttje in der See,
Meine Frau, die Ilsebill,
Will nicht so, wie ich gern will.«

[…]

Dieses Märchen »Von dem Fischer un syner Fru« zählt noch heute zu den bekanntesten Grimm-Märchen. Es zeigt sehr eindrucksvoll, wie weit es mit Unmäßigkeit und übertriebener Gier kommen kann. Allerdings ist es auch umstritten, weil es gerade die Frau als die Ungenügsame anprangert und den Mann als den Bescheidenen und Zufriedenen erscheinen lässt. Die Motive in diesem Märchen wurden nicht nur in der Illustration gerne aufgegriffen, sondern auch in der Literatur verarbeitet, ob als Gedicht oder als Erzählung, wie z. B. im Roman »Der Butt« (1977) des Literaturnobelpreisträgers Günter Grass.

Die Brüder Grimm sind überzeugt davon, vor allem Jacob, dass gerade diese Art der Volksliteratur Zeugnis für die unnachahmliche »Naturpoesie« sei, also für die allgemeine, aus dem Volk und der Natur entstandene Poesie, im Gegensatz zur Dichtung im engeren Sinn, der »Kunstpoesie«. Sie fassen den Entschluss, so viel wie möglich von dieser mündlich weitergegebenen Literatur zu sammeln, bevor diese endgültig verlorengehe. Und natürlich sind sie darauf bedacht, dass die Sammler die Texte möglichst buchstabengetreu aufzeichnen.

Deshalb verfassen sie 1811 eine »Aufforderung an die gesamten Freunde deutscher Poesie und Geschichte«, die zwar nur geringe Verbreitung hatte, aber ihre Pläne und Grundsätze der romantischen Erinnerungskultur in fünf Punkten deutlich macht. Jacob und Wilhelm wollen alle mündlichen Sagen des gesamten deutschen Vaterlandes sammeln und Nachweise aus allen deutschen Ländern erhalten, ganz gleich in welcher Mundart.

Obwohl die Brüder Grimm viele Freunde und Bekannte haben, wünschen sie sich, dass sich in jeder Gegend ein Mittelsmann als Anlaufstation zur Verfügung stellt. Dabei hoffen sie vor allem auf Pfarrer und Schullehrer, am meisten aber auf Frauen.

Sie wollen ein Buch herausbringen, das zwar auch unterhalten, aber vorrangig wissenschaftlich sein soll. Deshalb wollen sie alles genau registrieren, nummerieren und mit Nachweisen versehen.

Dieser Aufruf ist eher interessant wegen der darin formulierten Ziele und Sammelgrundsätze, folgenreich wurde er für die »Kinder- und Hausmärchen« kaum.

Viel wichtiger werden die Beiträge aus dem Freundes- und Bekanntenkreis, die den Brüdern Grimm nach 1806 zukommen. Insgesamt lassen sich an die 40 Märchenbeiträger nachweisen.

Dazu zählt zum Beispiel Friederike Mannel, eine Pfarrerstochter, die schon zum »Wunderhorn« beigetragen hatte.

Der pensionierte Dragonerwachtmeister Johann Friedrich Krause in Hoof bei Kassel, den die Brüder Grimm mit gebrauchter Kleidung entlohnen, liefert ebenfalls mehrere Märchen. Das Andenken an diesen Märchenbeiträger pflegt heute die »Schauenburger Märchenwache«.

In Kassel werden die Brüder besonders durch ihre Nachbarn inspiriert, die Apothekerfamilie Wild. Von der Mutter und den Töchtern stammen z. B. die Märchen »Marienkind«, »Frau Holle«, »Allerleirauh«, »Vom süßen Brei« und »Die sechs Schwäne«.

Mit den Wilds werden die Grimms sogar noch verwandtschaftlich verbunden, weil der Bruder Wilhelm die Tochter Dorothea, genannt Dortchen, heiratet. Sie spielt im weiteren Leben Wilhelms, aber auch Jacobs, eine ganz wesentliche Rolle.

Dorothea Wild, die spätere Frau Wilhelms. Federzeichnung von Ludwig Emil Grimm, 1814

Sehr wichtig für die Brüder Grimm werden die drei Schwestern Hassenpflug in Kassel. Über den freundschaftlichen Umgang berichtet ihr Bruder Ludwig Hassenpflug: Seine ältere Schwester Marie lernte etwa 1808 im Hause Engelhard Jacob und Wilhelm kennen. Deshalb kam auch das Interesse für Märchen und altdeutsche Poesie […] als Gegenstand der häuslichen Unterhaltung auf. *Daraus wurde ein immer festerer Erzählkreis,* der sich stets bei Grimms in deren Wohnung in der Marktstraße neben der Wildschen Apotheke traf.

Von den Töchtern Hassenpflug stammen so bekannte Märchen wie »Brüderchen und Schwesterchen«, »Dornröschen«, »Der goldene Schlüssel«, »Rotkäppchen«, »Der gestiefelte Kater«, »Tischlein deck dich, Goldesel und Knüppel aus dem Sack«, »Der Teufel mit den drei goldenen Haaren« und »Der Herr Gevatter«.

Auch mit den Hassenpflugs werden die Brüder Grimm verwandt, denn Ludwig Hassenpflug, der später Justizminister und Minister des Innern in Kassel wird, heiratet die Grimm-Schwester Lotte.

Weitere ganz wichtige Märchenbeiträger sind noch August von Haxthausen sowie Jenny von Droste-Hülshoff, die Schwester der berühmten Dichterin.

Bei ihrem Sammeln berufen sich die Brüder Grimm immer wieder auf die im Volk verbreiteten Märchen und Sagen, was sie in ihren Vorreden zu den »Kinder- und Hausmärchen« ständig betonen:

Die schönen plattdeutschen Märchen aus dem Fürstenthum Paderborn und Münster verdanken wir besonderer Güte und Freundschaft; das Zutrauliche der Mundart ist ihnen bei der innern Vollständigkeit besonders günstig. Dort, in altberühmten Gegenden deutscher Freiheit, haben sich an manchen Orten die Sagen als eine fast regelmässige Vergnügung der Sonntage erhalten: auf den Bergen erzählten die Hirten jene am Harz auch bekannte und vielleicht jedem grossen Gebirge eigene vom Kaiser Rothbart, der mit seinen Schätzen darin wohne, dann von den Hünen, wie sie ihre Hämmer stundenweit von den Gipfeln sich zugeworfen; manches, was wir an einem andern Orte mitzutheilen denken. Das Land ist noch reich an ererbten Gebräuchen und Liedern.

Dabei beschwören sie auch bestimmte Grundsätze, nach denen sie ihr Sammeln und Veröffentlichen richten wollen:

Wir haben uns bemüht, diese Märchen so rein als möglich war aufzufassen, man wird in vielen die Erzählung von Reimen und Versen unterbrochen finden, die sogar manchmal deutlich alliterieren, beim Erzählen aber niemals gesungen werden, und gerade diese sind die ältesten und besten. Kein Umstand ist hinzugedichtet oder verschönert und abgeändert worden, denn wir hätten uns gescheut, in sich selbst so reiche Sagen mit ihrer eigenen Analogie oder Reminiszenz zu vergrößern, sie sind unerfindlich.

Marie Hassenpflug. Illustration von Albert Schindehütte

Dass hier das Sammeln von Märchen aus dem Volk stark idealisiert wird, wurde bald klar, doch hat dies vor allem ein bekannter Märchenforscher unserer Zeit, Heinz Rölleke, nachgewiesen. So vermeiden die Brüder in ihren Anmerkungen zu den Märchen sogar weitgehend die Namen ihrer Beiträger. Sie schreiben zur Herkunft der Texte lieber pauschal »aus Baiern«, »aus der Leinegegend«, »aus Hessen« und betonen das an einer Stelle ganz ausdrücklich: Alles ist mit wenigen Ausnahmen fast nur in Hessen und den Main- und Kinziggegenden in der Grafschaft Hanau, wo wir her sind, nach mündlicher Überlieferung gesammelt.

Wenn sie Namen nennen, dann muss das auch zur »Volksdichtung« passen, denn nur einfache Leute können ihrer Meinung nach als Gewährsleute dafür gelten. Und so sprechen sie von einer »alten Marie«, die in Wirklichkeit die junge Marie Hassenpflug war.

Aber eine bestimmte Frau, die an die 40 Märchentexte geliefert hat, wurde für die Brüder Grimm geradezu zum Prototyp der Märchenerzählerin: Dorothea Viehmann, in der damals üblichen Weise auch »Viehmännin« genannt. Über ihre Bedeutung schreiben sie ausführlich in der Vorrede zum zweiten Band der »Kinder- und Hausmärchen« 1815:

Einer jener guten Zufälle aber war die Bekanntschaft mit einer Bäuerin aus dem nah bei Cassel gelegenen Dorfe Zwehrn, durch welche wir einen ansehnlichen Theil der hier mitgetheilten, darum echt hessischen Märchen, so wie mancherlei Nachträge zum ersten Band erhalten haben. Diese Frau, noch rüstig und nicht viel über funfzig Jahre alt, heisst Viehmännin, hat ein festes und angenehmes Gesicht, blickt hell und scharf aus den Augen und ist wahrscheinlich in ihrer Jugend schön gewesen. Sie bewahrt diese alten Sagen fest in dem Gedächtnis, welche Gabe, wie sie sagt, nicht jedem verliehen sei und mancher gar nichts behalten könne; dabei erzählt sie bedächtig, sicher und ungemein lebendig mit eigenem Wohlgefallen daran, erst ganz frei, dann, wenn man will, noch einmal langsam, so dass man ihr mit einiger Übung nachschreiben kann. Manches ist auf diese Weise wörtlich beibehalten und wird in seiner Wahrheit nicht zu verkennen sein.

Aus der Beschreibung der Brüder Grimm geht schon hervor, wie wichtig die Viehmännin für sie als Gewährsfrau war, hatten sie von ihr doch viele Märchen erfahren, darunter »Die Gänsemagd«, »Die kluge Bauerntochter«, »Doktor Allwissend«, »Der Eisenofen« und »Der Teufel und seine Großmutter«.

Im zweiten Teil der »Kinder- und Hausmärchen« (2. Auflage 1819) ziert die Märchenfrau Dorothea Viehmann sogar das Frontispiz[8], mit einem Porträt, das vom Grimm-Bruder Ludwig Emil gestochen wurde.

8 Verzierung des inneren Titelblattes mit einem Bild, früher meist einem Kupferstich

Frontispiz und Titel der zweiten Auflage, Teil II, mit der »Viehmännin«

Wir wissen, dass die Brüder Grimm den Erzählungen der Viehmännin nie in so familiärer Atmosphäre gelauscht haben. Aber weil es doch recht schön zur Erzählidylle passt, wird eine solche Szene später in der Zeitschrift »Gartenlaube« (1892) veröffentlicht. Und so wird bis in die Gegenwart das populäre Bild von den sammelnden Brüdern und der Märchenfrau geprägt. Ihrer wird noch heute in der Gaststätte »Knallhütte« im Baunatal gedacht.

Die Brüder Grimm bei der Märchenfrau Dorothea Viehmann

Jacob und Wilhelm hatten allerdings noch viel mehr Probleme, um den Schein der Volkstümlichkeit bei ihren Texten zu wahren, denn bei ihren Gewährsleuten handelte es sich fast durchweg um junge gebildete Damen, nicht um ältere Frauen aus dem einfachen Volk.

Bei den Hassenpflugs wurde zu Hause sogar nur Französisch gesprochen. Das ist besonders aufschlussreich, denn viele der Beiträger stammten von Hugenotten ab, also von französischen Protestanten. Diese wurden im 16. und 17. Jahrhundert wegen ihres Glaubens in Frankreich grausam verfolgt; deshalb suchten viele von ihnen in anderen Ländern Schutz, auch in Deutschland. Selbst die Viehmännin hatte hugenottische Vorfahren; ihr Mädchenname war Pierson.

Auch mehrere andere Beiträger waren mit den Märchen durch ihre französische Herkunft vertraut und gaben sie so weiter, denn in Frankreich hatten die Märchen eine lange und große literarische Tradition. Vor allem Charles Perrault (1628–1703), von dem auch eine bekannte Rotkäppchen-Fassung überliefert ist, spielte im 18. Jahrhundert mit seiner Märchensammlung eine ganz außerordentliche Rolle.

Solche französischen Fassungen waren – eben neben dem »Rotkäppchen« – Vorbild für zahlreiche »deutsche« Märchen: »Der Froschkönig«, »Brüderchen und Schwesterchen«, »Rapunzel«, »Hänsel und Gretel«, »Aschenputtel«, »Frau Holle«, »Der gestiefelte Kater«, »Dornröschen«, »Drosselbart«, »Sneewittchen«, »Rumpelstilzchen«, »Blaubart« und andere.

Jetzt hatten die Brüder natürlich noch ein weiteres Problem: Wollten sie den Nimbus[9] der deutschen Herkunft ihrer Märchen aufrecht erhalten, durften sie auf keinen Fall den französischen Ursprung besonders betonen.

Was konnten sie tun? Sie vermeiden in den Anmerkungen allzu deutliche Hinweise darauf und entfernen nach der ersten Auflage sogar einige Märchentexte, bei denen die französische Herkunft zu deutlich und

9 Ansehen, Geltung

bekannt ist, für immer aus den »Kinder- und Hausmärchen«, zum Beispiel den »Gestiefelten Kater« und »Blaubart«.

Nur gut, dass sie dies nicht mit »Rotkäppchen« und einigen anderen getan haben!

Natürlich ist es sehr aufschlussreich zu verfolgen, wie die Brüder Grimm mit dem vorgefundenen Erzählgut von der ersten Ausgabe »Kinder- und Hausmärchen« (1812/1815) bis zur letzten zu ihren Lebzeiten (1857) umgehen.

Die »Kinder- und Hausmärchen« 1812/1815

»Es war vielleicht gerade Zeit, diese Märchen festzuhalten«

Ursprünglich wollte Clemens Brentano selbst eine Sammlung mit Märchen herausgeben. Deshalb hatten ihm die Brüder Grimm ihre gesammelten Texte, über 50 Stück, zugesandt, nicht ohne vorsichtshalber vorher noch eine Abschrift davon anfertigen zu lassen. Brentano lässt allerdings gar nichts mehr von sich hören, so dass sich die Brüder Grimm im Frühjahr 1812 endgültig dazu entschließen, die Märchen selbst zu veröffentlichen. Den letzten Anstoß dazu hat Achim von Arnim gegeben, wie sie sich zurückerinnern:

Er war es, der uns, als er in jener Zeit einige Wochen bei uns in Cassel zubrachte, zur Herausgabe angetrieben hatte [...]. Von unsern Sammlungen gefielen ihm diese Märchen am besten. Er meinte wir sollten nicht zu lange damit zurückhalten, weil bei dem Streben nach Vollständigkeit die Sache am Ende liegen bliebe.

Nachdem die Brüder Grimm etwa sechs Jahre gesammelt hatten, scheint ihnen der Ertrag bei allem Zweifel doch reichlich zu sein: dabei begreifen wir, dass uns noch manches fehlen mag, doch freut uns auch der Gedanke, das Meiste und Beste zu besitzen.

Als Jacob und Wilhelm zur Veröffentlichung entschlossen sind, geht es doch ziemlich schnell, und so erscheint der erste Band der »Kinder- und Hausmärchen« am 20. Dezember 1812 in der Realschulbuchhandlung in Berlin, also noch kurz vor Weihnachten.

In der »Vorrede« zu diesem ersten Band beklagen die Brüder Grimm, dass von dem Reichtum deutscher Dichtung in frühen Zeiten *nur noch so wenig vorhanden sei,* dass von so vielem nichts lebendig sich erhalten, selbst die Erinnerung daran verloren war und nur Volkslieder und diese unschuldigen Hausmärchen übrig geblieben sind. [...] Es war vielleicht gerade Zeit, diese Märchen festzuhalten, da diejenigen, die sie bewahren sollen, immer seltner werden [...]. Wo sie [die Märchen] noch da sind, da leben sie so, dass man nicht daran denkt, ob sie gut oder schlecht sind, poetisch oder abgeschmackt, man weiß sie und liebt sie, weil man sie eben so empfangen hat, und freut sich daran ohne einen Grund dafür [...]. Innerlich geht durch diese Dichtungen dieselbe Reinheit, um derentwillen uns Kinder so wunderbar und selig erscheinen; sie haben gleichsam dieselben bläulich-weißen, makellosen, glänzenden Augen [...].

Der zweite Band der »Kinder- und Hausmärchen« erscheint 1815. Beide Bände dieser ersten Auflage enthalten zusammen 156 Texte. Natürlich haben die Brüder Grimm die aus mündlichen und schriftlichen Quellen gesammelten Texte für die Herausgabe teilweise schon stark bearbeitet. Das wird ganz offensichtlich, wenn man ihre handschriftlichen Aufzeichnungen und den gedruckten Text miteinander vergleicht.

Das bekannte Märchen »Dornröschen« ist nur ein Beispiel dafür. In der handschriftlichen Aufzeichnung von 1810 beginnt das Märchen so:

Ein König und eine Königin kriegten gar keine Kinder. Eines Tages war die Königin im Bad, da kroch ein Krebs aus dem Wasser ans Land und sprach: »Du wirst bald eine Tochter bekommen.« Und so geschah es auch und der König in der Freude hielt ein großes Fest und im Lande waren dreizehn Feen, er hatte aber nur zwölf goldene Teller und konnte also die dreizehnte nicht einladen. [...]

Jetzt vergleiche einmal den Anfang in der gedruckten Fassung von 1812 damit:

Ein König und eine Königin kriegten gar keine Kinder, und hätten so gern eins gehabt. Einmal saß die Königin im Bade, da kroch ein Krebs aus dem Wasser ans Land und sprach: »Dein Wunsch wird bald erfüllt werden und du wirst eine Tochter zur Welt bringen.« Das traf auch ein, und der König war so erfreut über die Geburt der Prinzessin, dass er ein großes Fest anstellen ließ, und dazu lud er auch die Feen ein, die im Lande waren; weil er nur zwölf goldene Teller hatte, konnte er eine nicht einladen. [...]

Dieser Text ist etwas länger als der erste, weil hier mehr »erzählt« wird, weil manches stärker ausgeschmückt ist.

Aber das Dornröschen-Märchen, wie du es wahrscheinlich kennst, ist noch viel länger. Und es steigt auch kein Krebs aus dem Wasser, sondern ein Frosch. Und es sind auch nicht mehr Feen, die eingeladen werden, sondern »weise Frauen«.

Aber darüber erfährst du später noch mehr!

Ein ganz bestimmtes Märchen steht in allen Ausgaben der Brüder Grimm immer an erster Stelle, nämlich »Der Froschkönig oder der eiserne Heinrich«, wohl auch weil dieses Märchen, vor allem der zweite Teil, für besonders alt gehalten wurde.

Hier nun der Text aus dem ersten Band von 1812:

»Der Froschkönig«. Illustration von Binette Schroeder

Der Froschkönig oder der eiserne Heinrich (KHM 1)

Es war einmal eine Königstochter, die ging hinaus in den Wald und setzte sich an einen kühlen Brunnen. Sie hatte eine goldene Kugel, die war ihr liebstes Spielwerk, die warf sie in die Höhe und fing sie wieder in der Luft und hatte ihre Lust daran. Einmal war die Kugel gar hoch geflogen, sie hatte die Hand schon ausgestreckt und die Finger gekrümmt, um sie wieder zu fangen, da schlug sie neben vorbei auf die Erde, rollte und rollte und geradezu in das Wasser hinein.

Die Königstochter blickte ihr erschrocken nach, der Brunnen war aber so tief, dass kein Grund zu sehen war. Da fing sie an jämmerlich zu weinen und zu klagen: »Ach, wenn ich meine Kugel wieder hätte, da wollt' ich alles darum geben, meine Kleider, meine Edelgesteine, meine Perlen und was es auf der Welt nur wär.« Wie sie so klagte, steckte ein Frosch seinen Kopf aus dem Wasser und sprach: »Königstochter, was jammerst du so erbärmlich?« »Ach«, sagte sie, »du garstiger Frosch, was kannst du mir helfen! Meine goldene Kugel ist mir in den Brunnen gefallen.« Der Frosch sprach: »Deine Perlen, deine Edelgesteine und deine Kleider, die verlang ich nicht, aber wenn du mich zum Gesellen annehmen willst, und ich soll neben dir sitzen und von deinem goldenen Tellerlein essen und in deinem Bettlein schlafen und du willst mich wert und lieb haben, so will ich dir deine Kugel wiederbringen.« Die Königstochter dachte, was schwätzt der einfältige Frosch wohl, der muss doch in seinem Wasser bleiben, vielleicht aber kann er mir meine Kugel holen, da will ich nur ja sagen, und sagte: »Ja meinetwegen, schaff mir erst die goldene Kugel wieder, es soll dir alles versprochen sein.« Der Frosch steckte seinen Kopf unter das Wasser und rauschte hinab, es dauerte auch nicht lange, so kam er wieder in die Höhe, hatte die Kugel im Maul und warf sie ans Land. Wie die Königstochter ihre Kugel wieder erblickte, lief sie geschwind darauf zu, hob sie auf und war so froh, sie wieder in ihrer Hand zu halten, dass sie an nichts weiter gedachte, sondern damit nach Hause eilte. Der Frosch rief ihr nach: »Warte, Königstochter, und nimm mich mit, wie du versprochen hast.« Aber sie hörte nicht darauf.

Am andern Tage saß die Königstochter an der Tafel, da hörte sie etwas die Marmortreppe heraufkommen, plitsch, platsch! plitsch, platsch! Bald darauf klopfte es auch an der Türe und rief: »Königstochter, jüngste, mach mir auf!« Sie lief hin und machte die Türe auf, da war es der Frosch, an den sie nicht mehr gedacht hatte; ganz erschrocken warf sie die Türe hastig zu und setzte sich wieder an die Tafel. Der König aber sah, dass ihr das Herz klopfte, und sagte: »Warum fürchtest du dich?« – »Draußen ist ein garstiger Frosch«, sagte sie, »der hat mir meine goldene Kugel aus dem Wasser geholt, ich versprach ihm dafür, er sollte mein Geselle werden, ich glaubte aber nimmermehr, dass er aus seinem Wasser heraus könnte, nun ist er draußen vor der Tür und will herein.« Indem klopfte es zum zweitenmal und rief:

»Königstochter, jüngste, mach mir auf,
weißt du nicht, was gestern du zu mir gesagt
bei dem kühlen Brunnenwasser?
Königstochter, jüngste, mach mir auf.«

Der König sagte: »Was du versprochen hast, musst du halten, geh und mach dem Frosch die Türe auf.« Sie gehorchte und der Frosch hüpfte herein, und ihr auf dem Fuße immer nach, bis zu ihrem Stuhl, und als sie sich wieder gesetzt hatte, da rief er: »Heb mich herauf auf einen Stuhl neben dich.« Die Königstochter wollte nicht, aber der König befahl es ihr. Wie der Frosch oben war, sprach er: »Nun schieb dein goldenes Tellerlein näher, ich will mit dir davon essen.« Das musste sie auch tun. Wie er sich satt gegessen hatte, sagte er: »Nun bin ich müde und will schlafen, bring mich hinauf in dein Kämmerlein, mach dein Bettlein zurecht, da wollen wir uns hineinlegen.« Die Königstochter erschrak, wie sie das hörte, sie fürchtete sich vor dem kalten Frosch, sie getraute sich nicht ihn anzurühren und nun sollte er bei ihr in ihrem

Bett liegen, sie fing an zu weinen und wollte durchaus nicht. Da ward der König zornig und befahl ihr bei seiner Ungnade, zu tun, was sie versprochen habe. Es half nichts, sie musste tun, wie ihr Vater wollte, aber sie war bitterböse in ihrem Herzen. Sie packte den Frosch mit zwei Fingern und trug ihn hinauf in ihre Kammer, legte sich ins Bett und statt ihn neben sich zu legen, warf sie ihn bratsch! an die Wand. »Da nun wirst du mich in Ruhe lassen, du garstiger Frosch!«

Aber der Frosch fiel nicht tot herunter, sondern wie er herab auf das Bett kam, da war's ein schöner junger Prinz. Der war nun ihr lieber Geselle, und sie hielt ihn wert, wie sie versprochen hatte, und sie schliefen vergnügt zusammen ein. Am Morgen aber kam ein prächtiger Wagen mit acht Pferden bespannt, mit Federn geputzt und goldschimmernd, dabei war der treue Heinrich des Prinzen, der hatte sich so betrübt über die Verwandlung desselben, dass er drei eiserne Bande um sein Herz legen musste, damit es vor Traurigkeit nicht zerspringe. Der Prinz setzte sich mit der Königstochter in den Wagen, der treue Diener aber stand hinten auf, so wollten sie in sein Reich fahren. Und wie sie ein Stück Weges gefahren waren, hörte der Prinz hinter sich ein lautes Krachen, da drehte er sich um und rief:

»Heinrich, der Wagen bricht!« –
»Nein Herr, der Wagen nicht,
es ist ein Band von meinem Herzen,
das da lag in großen Schmerzen,
als ihr in dem Brunnen saßt,
als ihr eine Fretsche (Frosch) was't (wart).«

Noch einmal und noch einmal hörte es der Prinz krachen, und meinte, der Wagen bräche, aber es waren nur die Bande, die vom Herzen des treuen Heinrich absprangen, weil sein Herr erlöst und glücklich war.

Vielleicht kommt dir dieser Text etwas fremd vor, weil du von klein an das Märchen wahrscheinlich etwas anders kennst; und das beginnt so:

In den alten Zeiten, wo das Wünschen noch geholfen hat, lebte ein König, dessen Töchter waren alle schön, aber die jüngste war so schön, dass die Sonne selber, die doch so vieles gesehen hat, sich verwunderte, so oft sie ihr ins Gesicht schien. Nahe bei dem Schlosse des Königs lag ein großer dunkler Wald, und in dem Walde unter einer alten Linde war ein Brunnen: wenn nun der Tag recht heiß war, so ging das Königskind hinaus in den Wald und setzte sich an den Rand des kühlen Brunnens, und wenn sie Langeweile hatte, so nahm sie eine goldene Kugel, warf sie in die Höhe und fing sie wieder; und das war ihr liebstes Spielwerk. […]

Wenn du diesen Anfangsteil mit dem von oben vergleichst, dann wirst du erhebliche Unterschiede entdecken, nicht nur vom Umfang her. So beginnt der Text von 1812 mit der berühmten Einleitungsformel »Es war einmal …«, der zweite wird von dem inzwischen oft zitierten Satz eingeleitet: »In den alten Zeiten, wo das Wünschen noch geholfen hat …«

Du wirst dich fragen, woher diese großen Unterschiede kommen. Das liegt daran, dass der zweite Text aus einer der späteren Auflagen der »Kinder- und Hausmärchen« stammt, und die unterscheiden sich teilweise schon recht stark von den früheren Fassungen.

Warum das so ist, erfährst du genauer im nächsten Kapitel.

Die Brüder Grimm zeigen, dass die Märchen alle Situationen des Lebens einfangen und immer wieder neu und ergreifend sind. Der ganze Umkreis dieser Welt ist bestimmt abgeschlossen: Könige, Prinzen, treue Diener und ehrliche Handwerker, vor allen Fischer, Müller, Köhler und Hirten, die der Natur am nächsten geblieben, erscheinen darin; das andere ist ihr fremd und unbekannt. Auch, wie in den Mythen, die von der goldenen Zeit reden, ist die ganze Natur belebt, Sonne, Mond und Sterne sind zugänglich, geben Geschenke oder lassen sich wohl gar in Kleider weben, in den Bergen arbeiten die Zwerge nach dem Metall, in dem Wasser schlafen die Nixen, die Vögel (Tauben sind die geliebtesten und hilfreichsten), Pflanzen, Steine reden und wissen ihr Mitgefühl auszudrücken, das Blut selber ruft und spricht und so übt diese Poesie schon Rechte, wornach die spätere nur in Gleichnissen strebt.

In den weiteren Ausführungen betonen die Brüder Grimm den lehrhaften Charakter der Märchen immer stärker und meinen, dass die Lehren trotz des hohen Alters auch für die Gegenwart aktuell sind, vor allem aber, dass sie aus dieser echten Poesie wie von selbst erwachsen:

In diesen Eigenschaften aber ist es gegründet, wenn sich so leicht aus diesen Märchen eine gute Lehre, eine Anwendung für die Gegenwart ergibt; es war weder ihr Zweck, noch sind sie darum erfunden, aber es erwächst daraus, wie eine gute Frucht aus einer gesunden Blüte ohne Zutun der Menschen. Darin bewährt sich jede echte Poesie, dass sie niemals ohne Beziehung auf das Leben sein kann, denn sie ist aus ihm aufgestiegen und kehrt zu ihm zurück, wie die Wolken zu ihrer Geburtsstätte, nachdem sie die Erde getränkt haben [...].

Die Brüder Grimm, die sehr viele Studien getrieben haben, zählen etliche Kulturkreise und Länder auf, die eine lange Märchentradition haben: England, Schottland, Irland, Skandinavien, dazu auch Afrika und vor allem Frankreich mit Charles Perrault und Italien mit der alten Sammlung »Pentamerone« von Giambattista Basile im 17. Jahrhundert. Schon im alten Griechenland hat man die Wirkung von Märchen zu schätzen gewusst, wie der Geschichtsschreiber Strabo (um Christi Geburt), den die Brüder Grimm zitieren, feststellt: Wir erzählen den Kindern, um sie zu ermuntern, angenehme Geschichten und, um sie abzuhalten, schreckliche Märchen.

Schließlich fällt sogar der wichtige Satz, dass es sich bei den »Kinder- und Hausmärchen« um ein »Erziehungsbuch« handle, das allerdings ebenso erfreuen wie belehren soll:

Wir wollen indes durch unsere Sammlung nicht bloß der Geschichte der Poesie einen Dienst erweisen, es war zugleich Absicht, dass die Poesie selbst, die darin lebendig ist, wirke: erfreue, wen sie erfreuen kann, und darum auch, dass ein eigentliches Erziehungsbuch daraus werde. Gegen das letztere ist eingewendet worden, dass doch eins und das andere in Verlegenheit setze und für Kinder unpassend oder anstößig sei [...] und Eltern es ihnen geradezu nicht in die Hände geben wollten. Für einzelne Fälle mag die Sorge recht sein und da leicht ausgewählt werden; im Ganzen ist sie gewiss unnötig. Nichts besser kann uns verteidigen, als die Natur selber, welche gerad diese Blumen und Blätter in dieser Farbe und Gestalt hat wachsen lassen; wem sie nicht zuträglich sind nach besonderen Bedürfnissen, wovon jene nichts weiß, kann leicht daran vorbeigehen, aber er kann nicht fordern, dass sie darnach anders gefärbt und geschnitten werden sollen [...]. Übrigens wissen wir kein gesundes und kräftiges Buch, welches das Volk erbaut hat, wenn wir die Bibel obenan stellen, wo solche Bedenklichkeiten nicht in ungleich größerem Maß einträten; der rechte Gebrauch aber findet nicht Böses heraus, sondern nur, wie ein schönes Wort sagt: ein Zeugnis unseres Herzens. Kinder deuten ohne Furcht in die Sterne, während andere nach dem Volksglauben Engel damit beleidigen. [...]

In einem Brief an den alten Studienfreund Paul Wigand bekräftigt Jacob Grimm 1813 diese Absichten nochmals in ganz auffälliger Weise; dabei bringt er schon recht moderne Erziehungsgrundsätze mit ein:

Da schicke ich Dir endlich das Märchenbuch; hätte ich es nicht längst versprochen, könnte es wie eine Neujahrsgabe angesehen werden. Ich hoffe, dass es Dir wohlgefällt [...]. Deine Kinder sollen, wie ich hoffe, viel aus dem Buch lernen, es ist unsere bestimmte Absicht, dass man es als ein Erziehungsbuch betrachte; Du musst nur erst warten, bis sie es verstehen können, und dann nur nicht zuviel auf einmal, sondern nach und nach immer einen Brocken dieser süßen Speise.

Vor den »Kinder- und Hausmärchen« gab es in Deutschland schon einige andere Märchensammlungen. Denen gegenüber sind die Brüder Grimm jedoch recht kritisch eingestellt. Sie begründen dies auch weiter in einer Anmerkung und nennen vor allem als Negativbeispiel die 1808 erschienenen »Kindermärchen« von Albert Ludwig Grimm, eines mit ihnen nicht verwandten Namensvetters, eine nicht eben wohl geratene Sammlung, die mit uns und der unsrigen gar nichts gemein hat.

Ärgerlich war für sie nur, dass sie nun den Titel »Kindermärchen« für ihre Sammlung nicht verwenden konnten, so dass eben der Doppeltitel »Kinder- und Hausmärchen« herhalten musste. Für die Zukunft erweist er sich allerdings als sehr günstig, da er als Hinweis auf eine Lektüre für die ganze Familie gesehen wird und somit den Kreis der Leser über die Kinder hinaus erweitert.

Später stellt Jacob Grimm gerade darüber Betrachtungen an, ob die Märchen und andere volkstümliche Literatur für Kinder gedacht und geeignet seien und ob es überhaupt einer spezifischen Literatur für Kinder bedürfe:

Sind denn diese Kindermärchen für Kinder erdacht und erfunden? Ich glaube dies so wenig, als ich die allgemeinere Frage nicht bejahen werde: ob man überhaupt für Kinder etwas Eigenes einrichten müsse? Was wir an offenbarten und traditionellen Lehren und Vorschriften besitzen, das ertragen Alte wie Junge, und was diese daran nicht begreifen, über das gleitet ihr Gemüt weg, bis dass sie es lernen, wie eigentlich alle wahre Lehre nur die ist, die das schon Vorhandene und Bekannte entzündet und erleuchtet, nicht aber eine, die Holz und Feuer beide mitbringt. Mit anderen Worten: die beste Lehre? die, welche nicht gleich ganz verdaut werden kann, sondern deren Stoff lang aushält. Daher wir den Kindern Gott und Teufel nennen sollen, lange vorher, ehe sie etwas davon begreifen können. Zu aller besonderen Lehre aber gehört ein einzelner Fall, ohne den sie nicht kann gegeben werden; ein Buch mit rohen moralischen Kinderexemplaren ist nicht nur etwas Langweiliges, sondern auch Inschädliches. Nach der rechten Art sind die Körner unbewusst zu streuen, dass sie über kurz oder lang aufgehen können, wann, wo und wie es sich schickt; oder gar nicht, nach des Menschen Freiheit.

Für die Brüder Grimm – besonders für Jacob – ist die Sammlung der »Kinder- und Hausmärchen« vor allem ein wissenschaftliches Werk. Deshalb werden auch Anmerkungen angehängt. Darin zeigen sich ihre Bestrebungen, in den gesammelten Märchen uralte deutsche und germanische Motive, »Spuren heidnischen Glaubens«, zu entdecken, wie sie auch in den alten Heldensagen wie dem »Nibelungenlied« und den nordischen Göttersagen enthalten sind: In diesen Volksmärchen liegt lauter urdeutscher Mythus, den man für verloren gehalten, und wir sind fest davon überzeugt, will man noch jetzt in allen gesegneten Teilen unseres Vaterlandes suchen, es werden auf diesem Wege ungeachtete Schätze sich in ungeglaubte verwandeln und die Wissenschaft von dem Ursprung unserer Poesie gründen helfen.

Solche Vorstellungen von einer germanischen oder urdeutschen Herkunft der Märchen kamen natürlich der zeitgenössischen nationalen Gesinnung und später der nationalsozialistischen Ideologie in der ersten Hälfte des 20. Jahrhunderts sehr entgegen. Hier wurden die Brüder Grimm für die Zwecke des Dritten Reiches als Gewährsleute benutzt.

Die Urteile über die erste Ausgabe der »Kinder- und Hausmärchen« mit dem ersten Band 1812 und dem zweiten 1815 gingen weit auseinander. Das lag eben auch daran, dass die Märchensammlung zugleich ein wissenschaftliches Werk werden sollte, wie es die dreibändige Gedichtsammlung »Des Knaben Wunderhorn« ebenfalls war.

Das bestätigen nicht zuletzt die beigegebenen Anmerkungen zu den einzelnen Märchen. Für ein Kinderbuch passten die ganz bestimmt nicht. Vielmehr war jetzt eine Art »Zwitterbuch« entstanden: Die Erzählungen selbst richteten sich an Kinder und Erwachsene, während die Anmerkungen für wissenschaftlich interessierte Kreise gedacht waren. Damit hatten sich Jacob und Wilhelm selbst in eine schwierige Lage gebracht, was aber vor allem den Bruder Wilhelm störte.

Dies gibt dem von ihnen abgewerteten Albert Ludwig Grimm Gelegenheit, auch das Werk der Brüder Grimm zu kritisieren:

Ich habe es immer nur mit dem größten Missfallen in Kinderhänden gesehen […] verweise ich nur auf Nr. 12 [»Rapunzel«], und Väter und Erzieher werden hier, wie an noch mehreren Orten, Ursache genug finden, ihm nicht den Namen einer Kinderschrift beizulegen, was es auch nach der Ansicht der Herren Herausgeber wohl gar nicht sein soll. Sollten sie es aber doch auch dazu bestimmt haben, so möchte hier das alte Sprüchlein anzuwenden sein: Niemand kann zweien Herren dienen.

Bei der Vorbereitung des zweiten Bandes der »Kinder- und Hausmärchen« berichtet Jacob seinem Bruder Wilhelm, dass der romantische Dichter Friedrich Schlegel den Stil der Märchen gelobt habe, dass man aber die Anzahl reduzieren solle, wiewohl er anerkannte, dass man die zwei Zwecke, den eines Kinderbuchs und einer altdeutschen Sammlung, nicht völlig vereinigen könne.

Jacob wehrt sich dagegen: Ich halte gerade das für den Irrtum, dass man so was wolle, und denke, man muss schreiben, wie es an der Sache ist, und nicht über die Wirkungen rechnen.

Aber das hilft alles nichts, die Einwände sind doch zu groß, und so müssen die Brüder daraus Folgerungen ziehen. Sie trennen also künftig die Textsammlung und den wissenschaftlichen »Apparat« voneinander, so dass nach der zweiten Auflage der »Kinder- und Hausmärchen« (1819) ein eigener dritter Band nur mit Anmerkungen und Literaturangaben erscheint (1822).

Damit war schon eine wichtige Forderung eingelöst, aber die Kritiken bezogen sich auch noch auf andere Punkte. Wenn du dich zurückerinnerst: Jacob und Wilhelm hatten immer wieder das Ziel vor Augen, möglichst alte deutsche Literatur zu sammeln, aber ein Großteil ihrer Märchen stammte nun doch aus ursprünglich französischen Quellen.

»Blaubart«. Illustration von Gustave Doré, 1862

Die Brüder gehen das Problem sehr schnell an: Ab der zweiten Auflage 1819 entfernen sie einige solcher Märchen aus ihrer Sammlung, also zum Beispiel den »Gestiefelten Kater« und »Blaubart«. Trotzdem sind gerade diese beiden Märchen sehr bekannt geblieben. Der »Gestiefelte Kater« existiert weiter in allen bekannten Medienformen, etwa als Bilderbuch, als Comic, als Film oder Musical. Ähnlich verhält es sich mit dem Märchen vom »Blaubart«, das die Grundlage für Kompositionen von der Oper bis zum Popsong lieferte. Noch heute spricht man bei einem »frauenmordenden« Mann von einem »Blaubart«.

Ab der zweiten Auflage 1819 fehlt also »Blaubart«, ein Märchen das ohnehin eher für Erwachsene gedacht ist.

Ist schon im »Blaubart« die Grausamkeit sehr auffällig, so ist dies in der Doppelgeschichte »Wie Kinder Schlachtens mit einander gespielt haben« noch stärker der Fall, weil es sich um realistische Geschehnisse handelt. Bei ihr kann man – im Unterschied zum »Blaubart« – nicht mehr von einem Märchen sprechen. Sie zählt eher zu den schon immer bei Lesern beliebten Schreckensmeldungen. Auch sie stand nur in der ersten Ausgabe, fehlt aber dann ebenfalls in allen Ausgaben der »Kinder- und Hausmärchen« zu Lebzeiten der Brüder Grimm.

Wie Kinder Schlachtens mit einander gespielt haben (KHM 22a)

I.

In einer Stadt Franecker genannt, gelegen in Westfriesland, da ist es geschehen, dass junge Kinder, fünf- und sechsjährige, Mägdelein und Knaben mit einander spielten. Und sie ordneten ein Büblein an, das solle der Metzger sein, ein anderes Büblein, das solle Koch sein, und ein drittes Büblein, das solle eine Sau sein. Ein Mägdlein, ordneten sie, solle Köchin sein, wieder ein anderes, das solle Unterköchin sein; und die Unterköchin solle in einem Geschirrlein das Blut von der Sau empfahen[10], dass man Würste könne machen. Der Metzger geriet nun verabredetermaßen an das Büblein, das die Sau sollte sein, riss es nieder und schnitt ihm mit einem Messerlein die Gurgel auf, und die Unterköchin empfing das Blut in ihrem Geschirrlein. Ein Ratsherr, der von ungefähr vorübergeht, sieht dies Elend: er nimmt von Stund an den Metzger mit sich und führt ihn in des Obersten Haus, welcher sogleich den ganzen Rat versammeln ließ. Sie saßen all' über diesen Handel und wussten nicht, wie sie ihm tun sollten, denn sie sahen wohl, dass es kindlicher Weise geschehen war. Einer unter ihnen, ein alter weiser Mann, gab den Rat, der oberste Richter solle einen schönen roten Apfel in eine Hand nehmen, in die andere einen rheinischen Gulden, solle das Kind zu sich rufen und beide Hände gleich gegen dasselbe ausstrecken: nehme es den Apfel, so soll' es ledig erkannt werden, nehme es aber den Gulden, so solle man es töten. Dem wird gefolgt, das Kind aber ergreift den Apfel lachend, wird also aller Strafe ledig erkannt.

---

10 empfangen, also ›auffangen‹

II.

Einstmals hat ein Hausvater ein Schwein geschlachtet, das haben seine Kinder gesehen; als sie nun Nachmittag miteinander spielen wollen, hat das eine Kind zum andern gesagt: »Du sollst das Schweinchen und ich der Metzger sein«, hat darauf ein bloß Messer genommen und es seinem Brüderchen in den Hals gestoßen. Die Mutter, welche oben in der Stube saß und ihr jüngstes Kindlein in einem Zuber badete, hörte das Schreien ihres anderen Kindes, lief alsbald hinunter, und als sie sah, was vorgegangen, zog sie das Messer dem Kind aus dem Hals und stieß es im Zorn dem andern Kind, welches der Metzger gewesen, ins Herz. Darauf lief sie alsbald nach der Stube und wollte sehen, was ihr Kind in dem Badezuber mache, aber es war unterdessen in dem Bad ertrunken; deswegen dann die Frau so voller Angst ward, dass sie in Verzweifelung geriet, sich von ihrem Gesinde nicht wollte trösten lassen, sondern sich selbst erhängte. Der Mann kam vom Felde und als er dies alles gesehen, hat er sich so betrübt, dass er kurz darauf gestorben ist.

Natürlich hatten hier die Brüder Grimm den Einwand zu hören bekommen, dass der Text für Kinder viel zu grausam sei. Vor allem Achim von Arnim, der die Geschichte selbst in einer Zeitung veröffentlicht hatte, regt sich schon Ende 1812 sehr über die Aufnahme solcher Kinderschreckgeschichten auf. Aber Wilhelm hatte sie gerade im Hinblick auf die »Kinder- und Hausmärchen« als »Erziehungsbuch« passend und wirkungsvoll gefunden. Er begründet dies mit einer Kindheitserinnerung:

Das Märchen von dem Schlachten hab ich in der Jugend von der Mutter erzählen hören, es hat mich gerade vorsichtig und ängstlich bei Spielen gemacht.

Nachdem die Brüder Grimm schon einige Texte aus ihrer Sammlung herausgenommen hatten, passiert ab der zweiten Auflage 1819 mit den »Kinder- und Hausmärchen« aber noch sehr viel mehr.

Vom Fachbuch zum Märchenbuch für Kinder

»Sie werden vieles darin verbessert finden«

Der erste Band der »Kinder- und Hausmärchen« war wenige Tage vor dem Heiligen Abend 1812 erschienen. Aber ein Weihnachtsgeschenk für Kinder werden sie deshalb trotzdem noch nicht. Das lag nicht nur am knappen Erscheinungstermin, sondern mehr daran, dass es sich noch um kein richtiges Kinderbuch handelte.

Du konntest schon sehen, welche Kritik sich an diesem ersten Band 1812 und auch noch an dem zweiten 1815 entzündete und auch welche Bedenken die Brüder Grimm selbst hatten. Für Jacob war dies weniger schlimm, da nun sein Ziel einer wissenschaftlichen Sammlung von Märchen erreicht war. Er zieht sich in Zukunft von der Arbeit an den Märchen zurück und überlässt über Jahrzehnte hinweg alles Weitere seinem Bruder Wilhelm. Dieser hatte ein tieferes Verständnis für Kinder und erkennt auch, dass man in den Märchen unbedingt die jungen Zuhörer und Leser selbst noch stärker ansprechen müsse.

Schon für den zweiten Band der »Kinder- und Hausmärchen« 1815 hat er die Textvorlagen etwas stärker bearbeitet. Das gilt aber dann noch viel mehr für die zweite Auflage der Sammlung 1819. Jetzt wird der entscheidende Schritt vollzogen: Die Märchen wandeln sich endgültig zu Kindermärchen, und das ist allein die Leistung Wilhelms, der allmählich einen ganz eigenen romantischen Märchenstil entwickelt.

An einen Bekannten schreibt er: Ich übersende Ihnen hierbei ein Exemplar der Kindermärchen nach der neuen Auflage. Nehmen Sie es gütig auf; Sie werden, wenn Sie es einer nähern Betrachtung wert halten, vieles darin verbessert, ja den ersten Teil gänzlich umgearbeitet finden.

Zu Lebzeiten der Brüder Grimm erscheinen die »Kinder- und Hausmärchen« insgesamt in sieben, immer wieder neu bearbeiteten Auflagen, zuletzt 1857. Einzelne Texte werden weggelassen, wie du schon sehen konntest, dafür kommen aber immer wieder neue hinzu, so dass es schließlich insgesamt weit über 200 Märchentexte sind.

Die Brüder Grimm selbst hatten als Wissenschaftler schon eine gewisse Ordnung und eine bestimmte Zählweise dafür eingeführt. Und noch heute hält man sich daran, so dass der Grundbestand von 1 bis 200 durchnummeriert ist; dazu kamen noch 10 Kinderlegenden. Doch auch die im Laufe der Zeit ausgeschiedenen Märchen werden mitberücksichtigt.

Damit ist eine schnelle Orientierung und Verständigung unter Märchenexperten möglich. Das brauchen Märchenleser normalerweise nicht zu wissen; sie wollen das Märchen einfach lesen oder anhören. Selten wird dir aber eine solche Gesamtausgabe mit den weit über 200 Märchen vorliegen. Meist werden bebilderte Auswahlausgaben zusammengestellt oder einzelne Märchen in Bilderbüchern für Kinder illustriert.

Titelblatt der »Kleinen Ausgabe«, 2. Aufl. 1833

Selbst die Brüder Grimm – eigentlich Wilhelm allein – hatten schon sehr früh, 1825, eine Auswahl von 50 Märchen zusammengestellt und herausgegeben. Diese »Kleine Ausgabe« wurde ganz wichtig, weil sie eine überschaubare Auswahl für Kinder bot. Sie wurde ein echter Verkaufserfolg.

Diese Kinderbuchausgabe enthält vor allem solche Märchen, die dir wahrscheinlich alle bekannt sind und noch heute als »Lieblingsmärchen« der Deutschen gelten. Das wirst du gleich an den Titeln feststellen: »Der Froschkönig oder der eiserne Heinrich«, »Der Wolf und die sieben jungen Geißlein«, »Das Lumpengesindel«, »Brüderchen und Schwesterchen«, »Hänsel und Gretel«, »Aschenputtel«, »Frau Holle«, »Rotkäppchen«, »Die Bremer Stadtmusikanten«, »Dornröschen«, »König Drosselbart«, »Schneewittchen«, »Fundevogel«, »Die Sterntaler« und andere.

Diese »Kleine Ausgabe« hat der Malerbruder Ludwig Emil Grimm illustriert. Er hatte schon 1818 einen Entwurf zu »Brüderchen und Schwesterchen« angefertigt, die erste Illustration zu den »Kinder- und Hausmärchen« überhaupt. Das Brüderchen ist hier bereits in ein Rehchen verwandelt, wie es uns das Märchen erzählt. Beide Kinder werden von einem Schutzengel bewacht. Denn die Brüder Grimm waren der Meinung, dass jeder Mensch zeitlebens einen Schutzengel zur Seite gestellt bekommt.

»Brüderchen und Schwesterchen«.
Aquarellierte Federzeichnung
von Ludwig Emil Grimm

Entwurf von Ludwig Emil Grimm zu »Hänsel und Gretel«, 1824

Wie kritisch die Brüder Grimm auch ihrem Bruder Ludwig Emil gegenüber waren, zeigen Wilhelms Äußerungen zu dessen Entwurf für das Märchen »Hänsel und Gretel«; er hat dazu eine siebenzeilige Korrekturanweisung gegeben: »Müßte viel phantastischer und märchenhafter seyn …«. *Links neben der Federzeichnung werden noch weitere Illustrationsmotive aufgezählt.*

Damit hatten die Märchen, bis sie zu wirklichen Märchen für Kinder wurden, eine längere Entwicklung hinter sich. Und an dieser hatte der jüngere Bruder Wilhelm maßgeblichen Anteil.

Wie weit hat Wilhelm denn nun tatsächlich in die Texte eingegriffen?

Zunächst musste er sich nach den bürgerlichen Moralvorstellungen seiner Zeit richten. Denn dafür waren die Märchen immer noch viel zu erotisch und sexuell anstößig. Märchen dienten viele Jahrhunderte hindurch als Unterhaltungsliteratur für Erwachsene, in Italien, Frankreich und auch in Deutschland. Man denke auch an die »Märchen aus Tausendundeiner Nacht«.

Wilhelm versucht also zunächst, die Märchentexte zu bereinigen, und das sieht dann im »Froschkönig« so aus: Als die Prinzessin den Frosch ganz zornig an die Wand wirft, passiert in der Märchenfassung von 1812 folgendes:

Aber der Frosch fiel nicht tot herunter, sondern wie er herab auf das Bett kam, da war's ein schöner junger Prinz. Der war nun ihr lieber Geselle, und sie hielt ihn wert, wie sie versprochen hatte, und sie schliefen vergnügt zusammen ein.

Das konnte man so natürlich nicht lassen, dass ein fremder Mann ganz einfach ins Bett hineinfällt und mit der Prinzessin, ohne mit ihr verheiratet zu sein, vergnüglich einschläft. Wilhelm hat deshalb die Stelle geändert:

Als er aber herabfiel, war er kein Frosch, sondern ein Königssohn mit schönen freundlichen Augen. Der war nun nach ihres Vaters Willen ihr lieber Geselle und Gemahl. Da erzählte er ihr, er wäre von einer bösen Hexe verwünscht worden, und niemand hätte ihn aus dem Brunnen erlösen können als sie allein, und morgen wollten sie zusammen in sein Reich gehen. Dann schliefen sie ein, und am andern Morgen, als die Sonne sie aufweckte, kam ein Wagen herangefahren […].

An solchen Textstellen würden wir heute kaum noch Anstoß nehmen, aber die Moralvorstellungen zur damaligen Zeit waren sehr streng. Vor allem wollte man natürlich die Kinder vor allzu frühen schlechten Einflüssen schützen (aber das ist ja auch heute noch so).

Der zweite Teil des Märchens »Der Froschkönig oder der eiserne Heinrich« wird oft weggelassen, weil seine große Bedeutung nicht erkannt wird. Der eiserne Heinrich hat seinem verwunschenen Herrn immer die Treue gehalten, und so wird auch er jetzt von den eisernen Ringen, die seine Brust umschlossen hatten, erlöst.

Eine ähnlich anstößige Stelle wie im »Froschkönig« findet sich auch in »Rapunzel«. Hier zunächst das ganze Märchen aus einer späteren Auflage, in einer Fassung, wie sie dir bekannt sein dürfte:

Rapunzel (KHM 12)

Es waren einmal ein Mann und eine Frau, die wünschten sich schon lange vergeblich ein Kind; endlich machte sich die Frau Hoffnung, der liebe Gott werde ihren Wunsch erfüllen. Die Leute hatten in ihrem Hinterhaus ein kleines Fenster, daraus konnte man in einen prächtigen Garten sehen, der voll der schönsten Blumen und Kräuter stand; er war aber von einer hohen Mauer umgeben, und niemand wagte hineinzugehen, weil er einer Zauberin gehörte, die große Macht hatte und von aller Welt gefürchtet wurde. Eines Tages stand die Frau an diesem Fenster und sah in den Garten hinab, da erblickte sie ein Beet, das mit den schönsten Rapunzeln bepflanzt war, und sie sahen so frisch und grün aus, dass sie lüstern wurde und das größte Verlangen empfand, von den Rapunzeln zu essen. Das Verlangen nahm jeden Tag zu, und da sie wusste, dass sie keine davon bekommen konnte, so fiel sie ganz ab, sah blass und elend aus. Da erschrak der Mann und fragte: »Was fehlt dir, liebe Frau?« »Ach«, antwortete sie, »wenn ich keine Rapunzeln aus dem Garten hinter unserm Haus zu essen kriege, so sterbe ich.« Der Mann, der sie lieb hatte, dachte: »Eh du deine Frau sterben lässest, holst du ihr von den Rapunzeln, es mag kosten, was es will.«

In der Abenddämmerung stieg er also über die Mauer in den Garten der Zauberin, stach in aller Eile eine Handvoll Rapunzeln und brachte sie seiner Frau. Sie machte sich sogleich Salat daraus und aß sie in voller Begierde auf. Sie hatten ihr aber so gut, so gut geschmeckt, dass sie den andern Tag noch dreimal so viel Lust bekam. Sollte sie Ruhe haben, so musste der Mann noch einmal in den Garten steigen. Er machte sich also in der Abenddämmerung wieder hinab; als er aber die Mauer hinabgeklettert war, wie erschrak er, als er die Zauberin vor sich stehen sah. »Wie kannst du es wagen«, sagte sie zornig, »in meinen Garten wie ein Dieb zu kommen und mir meine Rapunzeln zu stehlen?« »Ach«, antwortete er, »ungern habe ich mich dazu entschlossen, und nur aus Not: meine Frau hat eure Rapunzeln aus dem Fenster erblickt und hat ein so großes Gelüsten danach, dass sie sterben würde, wenn sie nicht davon zu essen bekäme.« Da ließ die Zauberin in ihrem Zorne nach und sprach zu dem Mann: »Verhält es sich so, wie du sagst, so will ich dir gestatten, Rapunzeln mitzunehmen, so viel du willst, allein ich mache eine Bedingung: du musst mir das Kind geben, das deine Frau zur Welt bringen wird. Es soll ihm gut gehen, und ich will für es sorgen wie eine Mutter.« Der Mann sagte in der Angst alles zu, und als die Frau in Wochen kam, erschien gleich die Zauberin, gab dem Kinde den Namen RAPUNZEL und nahm es mit sich fort.

Rapunzel wurde das schönste Kind unter der Sonne. Als es zwölf Jahre alt war, schloss es die Zauberin in einen Turm, der in einem Walde lag und weder Treppe noch Tür hatte, nur ganz oben war ein kleines Fensterchen. Wenn die Zauberin hineinwollte, stellte sie sich unten hin und rief.

»Rapunzel, Rapunzel,
lass mir dein Haar herunter!«

Rapunzel hatte lange, prächtige Haare, fein gesponnen wie Gold. Wenn sie nun die Stimme der Zauberin vernahm, band sie ihre Zöpfe los, wickelte sie oben um einen Fensterhaken, und dann fielen die Haare zwanzig Ellen tief herunter, und die Zauberin stieg daran hinauf.

Nach ein paar Jahren trug es sich zu, dass der Sohn des Königs durch den Wald ritt und an dem Turm vorüberkam. Da hörte er einen Gesang, der war so lieblich, dass er stillhielt und horchte. Das war Rapunzel, die sich in ihrer Einsamkeit die Zeit damit vertrieb, ihre süße Stimme erschallen zu lassen. Der Königssohn suchte vergeblich nach einer Türe des Turms, der Gesang hatte ihm aber so sehr das Herz gerührt, dass er jeden Tag hinaus in den Wald ging und darauf horchte. Als er einmal so hinter einem Baume stand, sah er die Zauberin herankommen und hörte, wie sie hinaufrief:

»Rapunzel, Rapunzel,
lass mir dein Haar herunter!«

Da ließ Rapunzel die Haarflechten herab, und die Zauberin stieg zu ihr hinauf. »Ist das die Leiter, auf welcher man hinaufkommt«, sprach der Königssohn, »so will ich auch einmal mein Glück versuchen.« Und den folgenden Tag, als es anfing dunkel zu werden, ging er zu dem Turme und rief:

»Rapunzel, Rapunzel,
lass mir dein Haar herunter!«

Alsbald fielen die Haare herab, und der Königssohn stieg hinauf.

Anfangs erschrak Rapunzel gewaltig, als ein Mann zu ihr hereinkam, wie ihre Augen noch nie einen erblickt hatten; doch der Königssohn fing an, ganz freundlich mit ihr zu reden, und erzählte ihr, dass von ihrem Gesang sein Herz so sehr sei bewegt worden, dass es ihm keine Ruhe gelassen und er sie selbst habe sehen müssen. Da verlor Rapunzel ihre Angst, und als er sie fragte, ob sie ihn zum Manne nehmen wolle, und sie sah, dass er jung und schön war, so dachte sie: »Der wird mich lieber haben als die alte Frau Gotel«[11], und sagte »Ja« und reichte ihm ihre Hand. Sie verabredeten, dass er alle Abende zu ihr kommen sollte, aber die Zauberin, die nur bei Tag kam, merkte nichts davon, bis einmal Rapunzel anfing und zu ihr sagte: »Sag sie mir doch, Frau Gotel, wie kommt es nur, sie wird mir viel schwerer heraufzuziehen als der junge Königssohn, der ist in einem Augenblick bei mir.« »Ach, du gottloses Kind«, rief die Zauberin, »was muss ich von dir hören, so hast du mich doch betrogen!« Und in ihrem Zorne packte sie die schönen Haare der Rapunzel, schlug sie ein paar Mal um ihre linke Hand, griff eine Schere mit der rechten, und ritsch, ratsch waren sie abgeschnitten, und die schönen Flechten lagen auf der Erde. Und sie war so unbarmherzig, dass sie die arme Rapunzel in eine Wüstenei brachte, wo sie in großem Jammer und Elend leben musste.

Denselben Tag aber, wo sie Rapunzel verstoßen hatte, machte die Zauberin abends die abgeschnittenen Haare oben am Fensterhaken fest, und als der Königssohn kam und rief

»Rapunzel, Rapunzel,
lass mir dein Haar herunter!«

so ließ sie die Haare hinab, aber der Königssohn fand oben nicht seine liebste Rapunzel, sondern die Zauberin, die ihn mit bösen und giftigen Blicken ansah und zu ihm sprach: »Für dich ist Rapunzel verloren, du wirst sie nie wieder erblicken.« Der Königssohn geriet außer sich vor Schmerz, und in der Verzweiflung stürzte er sich den Turm herab: das Leben brachte er davon, aber die beiden Augen waren verletzt. Blind irrte er im Walde umher, aß nichts als Wurzeln und Beeren, und er tat nichts als jammern und weinen über den Verlust seiner liebsten Frau.

So irrte er einige Jahre umher und geriet endlich in die Wüstenei, wo Rapunzel mit den Zwillingen, die sie geboren hatte, einem Knaben

11 Patin

und Mädchen, kümmerlich lebte. Er vernahm eine Stimme, und sie deuchte ihm so bekannt: da ging er darauf zu, und wie er herankam, erkannte ihn Rapunzel und fiel ihm um den Hals und weinte. Zwei von ihren Tränen aber benetzten seine Augen, da wurden sie wieder klar, und er konnte damit sehen wie sonst. Er führte sie in sein Reich, und sie lebten noch lange glücklich und vergnügt.

Eine alte Quelle dieses Märchens lässt sich in der Geschichtensammlung »Pentamerone« des Giambattista Basile um 1600 in Italien nachweisen. Das Mädchen »Petrosinella« wird dann im Französischen um 1700 zur »Persinette« und gelangt schließlich zu den Brüdern Grimm. Wurde es dort nach der Petersilie benannt, die bei der schwangeren Frau so großes Verlangen auslöst, so ist sein Name jetzt von Rapunzeln (Feldsalat) abgeleitet.

»Rapunzel« zählt zu den beliebtesten Märchen. Viele Nacherzählungen und Bearbeitungen im Bilderbuch und im Film zeugen davon. In der DDR *erschien die Handlung in einer Briefmarkenserie dargestellt. 2010 kam der amerikanische Spielfilm »Rapunzel – Neu verföhnt« in die Kinos.*

Briefmarkenserie »Rapunzel« (DDR)

Vor allem die Turmbesteigung ist das beliebteste Motiv bei den meisten Illustratoren dieses Märchens. Am bekanntesten ist das Bild von Otto Ubbelohde. Dessen Vorbild war ein achteckiger Erker am Schloss Amönau bei Wetter in Hessen.

»Rapunzel«. Illustration von Otto Ubbelohde, 19. Jahrhundert

Auch in »Rapunzel« hat Wilhelm Grimm entscheidende Veränderungen vorgenommen. Nachdem sich der Königssohn Zugang zum Turm verschafft hat und Rapunzel immer wieder besucht, heißt es in der ersten Fassung von 1812:

So lebten sie lustig und in Freuden eine geraume Zeit, und die Fee kam nicht dahinter, bis eines Tages das Rapunzel anfing und zu ihr sagte: »Sag sie mir doch, Frau Gotel, meine Kleiderchen werden mir so eng und wollen nicht mehr passen.« – »Ach, du gottloses Kind«, sprach die Fee, »was muss ich von dir hören«, und sie merkte gleich, wie sie betrogen wäre, und war ganz aufgebracht.

In der späteren Fassung, die du gerade gelesen hast, lautet diese Stelle ganz anders:

Sie verabredeten, dass er alle Abende zu ihr kommen sollte, aber die Zauberin, die nur bei Tag kam, merkte nichts davon, bis einmal Rapunzel anfing und zu ihr sagte: »Sag sie mir doch, Frau Gotel, wie kommt es nur, sie wird mir viel schwerer heraufzuziehen als der junge Königssohn, der ist in einem Augenblick bei mir.« »Ach, du gottloses Kind«, rief die Zauberin, »was muss ich von dir hören, so hast du mich doch betrogen!«

Hier verrät sich Rapunzel noch eindeutiger. Aber die Anspielung in der ersten Fassung, dass ihr die Kleider nicht mehr passten, eben weil sie schwanger war, ging schon über das Zumutbare für Kinder hinaus. Trotzdem kann sich der Leser natürlich später sowieso denken, was zwischen Rapunzel und dem Königssohn geschehen war, denn sie bringt Zwillinge zur Welt.

Das sind nur wenige Beispiele. Wilhelm hat im Laufe der Zeit fast alle Märchen bearbeitet, manche fast ganz umgeschrieben oder Teile sogar selbst neu verfasst, wie zum Beispiel in »Schneeweißchen und Rosenrot«.

Nackte Prinzen gab es jetzt nicht mehr. Sie waren nun alle prächtig gekleidet. Da sich Mütter nicht böse gegen ihre eigenen Kinder verhalten durften, wurden fast immer Stiefmütter daraus gemacht. Wir wissen, wie schlimm es nicht nur Aschenputtel ergangen ist!

Auf die sogenannten bürgerlichen Tugenden, wie sie sich allmählich herausgebildet hatten, wurde in den Märchen ganz besonders geachtet, also auf Fleiß, Pünktlichkeit, Sauberkeit, Gehorsam, Freigebigkeit, Liebe zu den Eltern und zu Gott. Und so hat Wilhelm zahlreiche lehrhafte Sprüche und Sprichwörter mit in die Märchen eingebracht. Dies hat er sogar selbst in der Vorrede zur sechsten Auflage der »Kinder- und Hausmärchen« betont: Fortwährend bin ich bemüht gewesen, Sprüche und eigentümliche Redensarten des Volks, auf die ich immer horche, einzutragen.

Im »Froschkönig« fällt besonders die Strenge des alten Königs auf, mit einem Spruch, der bis heute Gültigkeit hat: »Was man versprochen hat, muss man auch halten.«

Alle Abweichungen von den moralischen Normen werden bestraft: Die Geißlein werden mit einer Ausnahme vom Wolf gefressen, weil sie ungehorsam sind: Sie öffnen trotz strikten Verbots die Tür. Das faule Mädchen in »Frau Holle« wird mit Pech übergossen, die spottsüchtige Tochter in »König Drosselbart« wird gedemütigt, die unersättliche und gotteslästerliche Frau in »Vom Fischer un syner Fru« wird wieder in ihre alte Hütte zurückverbannt und Rotkäppchen wird vom Wolf gefressen, weil es nicht auf die Mahnungen seine Mutter gehört hat, als es der Großmutter Kuchen und Wein bringen soll: »… sei aber hübsch artig, geh auch ordentlich, und lauf nicht vom Weg ab, sonst fällst du, und zerbrichst das Glas, dann hat die kranke Großmutter nichts.« *Rotkäppchen verspricht es, aber bei einem Ohr hinein, beim andern hinaus! Es lässt sich verführen und macht die schlimme Erfahrung mit dem Wolf, um gleich danach den Vorsatz zu fassen:* »Du willst dein Lebtag nicht wieder allein vom Wege ab in den Wald laufen, wenn dir's die Mutter verboten hat.«

Einen warnenden Zeigefinger erheben die meisten Märchen, aber entscheidend ist doch, dass es Wilhelm verstanden hat, die Moral immer in so schöne und spannende Erzählungen zu verpacken, dass wir uns selbst gar nicht so aufdringlich angesprochen fühlen. Eine »gute Lehre« sollten sie aber doch geben und eine »Anwendung für die Gegenwart« ermöglichen.

Was bis auf wenige Ausnahmen in den Märchen beibehalten wurde, das ist die bis heute immer wieder umstrittene Grausamkeit: den beiden neidischen Schwestern in »Aschenputtel« werden die Augen ausgehackt, der Hexenmeister in »Fitchers Vogel« wird mitsamt seinem Haus verbrannt und die Hexe in »Hänsel und Gretel« kommt im Ofen ums Leben.

Die Brüder Grimm wollten abschreckende Beispiele geben und das Gerechtigkeitsempfinden des Lesers stärken. Denn es werden immer nur die Bösewichte bestraft, die guten Menschen werden belohnt. Du kennst sicher noch viele andere Beispiele!

Jedoch war es mit der abgemilderten Erotik und der verstärkten Moral allein noch nicht getan. Die Märchen mussten auch so erzählt werden, dass sie bei Kindern gut ankamen und von ihnen gerne gehört und gelesen wurden. Dazu musste Wilhelm die vorhandenen, oft knappen und trockenen Texte erzählerisch stark ausschmücken, so dass die Märchen fast alle immer länger wurden, wie du an den bisherigen Beispielen schon sehen konntest.

»Tischchen, deck dich, Goldesel und Knüppel aus dem Sack«. Illustration von Renate Seelig, 2001

Auch die für uns so typischen Märchenkennzeichen hat vor allem Wilhelm geprägt. Er lässt etwa die Hälfte der Texte mit der Formel »Es war einmal ...« *oder ähnlich beginnen. Und der Schluss ist oft gekennzeichnet von Sätzen wie* »Und wenn sie nicht gestorben sind, dann leben sie noch heute« *oder* »... sie lebten glücklich zusammen bis an ihr Ende«. *Viele der eingestreuten Lieder und Sprüche, die für Lebendigkeit sorgen, stammen von ihm, so dass man die Sammlung der »Kinder- und Hausmärchen« als ein gemeinsames Werk der Brüder Grimm, die Form der Märchen aber als eine besondere Leistung von Wilhelm sehen muss.*

Wie weit die Überarbeitung ging, soll abschließend an Textauszügen aus dem Märchen »Tischchen deck dich, Goldesel und Knüppel aus dem Sack«, und zwar in der Fassung der zweiten Auflage von 1819 und der dritten Auflage von 1837, verdeutlicht werden:

1819	1837
»Wart du Lügenbrut!«, rief der Schneider im größten Zorn, »willst du mich zum Narren haben!« sprang mit einem roten Gesicht hinauf nach seinem Stock, und jagte auch den jüngsten Sohn fort.	»O die Lügenbrut!« rief der Schneider, »einer so gottlos und pflichtvergessen wie der andere! Ihr sollt mich nicht länger zum Narren haben!« und vor Zorn ganz außer sich sprang er hinauf und gerbte dem einen (armen) Jungen mit der Elle den Rücken so gewaltig, dass er zum Haus hinaus sprang.
Nun war er mit seiner Ziege ganz allein, am andern Morgen sprach er zu ihr: »Komm liebes Tierlein, ich will dich zur Weide führen […]« und ließ sie weiden bis zum Abend. Da sprach er […]	Der alte Schneider war nun mit seiner Ziege allein. Am andern Morgen ging er hinab in den Stall, liebkoste die Ziege und sprach: »Komm, mein liebes Tierlein, ich will dich selbst zur Weide führen« […]. »Da kannst du dich einmal nach Herzenslust sättigen«, sprach er zu ihr und ließ sie weiden bis zum Abend. Da fragte er […].
»Nun bist du doch einmal satt!«, sprach er beim Fortgehen […]	Als er wegging, kehrte er sich noch einmal um und sagte: »Nun bist du doch einmal satt!« […]«
»Warte«, rief er, »du gottloses, undankbares Geschöpf, du sollst dich nicht mehr unter ehrlichen Menschen sehen lassen!« […]	Wart«, rief er, »du undankbares Geschöpf, dich fortzujagen ist noch zu wenig, ich will dich zeichnen, dass du dich unter ehrlichen Schneidern nicht mehr darfst sehen lassen.« […]
darauf nahm er die Peitsche und jagte sie hinaus.	Und weil die Elle zu ehrenvoll gewesen wäre, holte er die Peitsche und versetzte ihr solche Hiebe, dass sie in gewaltigen Sprüngen davon lief.

Wenn du diese Textstellen und die anderen Beispiele vorher miteinander vergleichst, wirst du wahrscheinlich feststellen, dass dir die späteren, längeren Fassungen der Märchen besser gefallen, weil sie ausführlicher und schöner erzählt sind. Das alles hat Wilhelm über Jahrzehnte hinweg bewirkt, so dass die Märchen ihren Siegeszug bei Kindern wie auch Erwachsenen in Deutschland und auf der ganzen Welt antreten konnten.

Den Schluss bildet in den Märchen-Ausgaben der Brüder Grimm ein kurzes Neck- oder Vexiermärchen[12]*, »Der goldene Schlüssel«.*

Der goldene Schlüssel (KHM 200)

Zur Winterszeit, als einmal ein tiefer Schnee lag, musste ein armer Junge hinausgehen und Holz auf einem Schlitten holen. Wie er es nun zusammengesucht und aufgeladen hatte, wollte er, weil er so erfroren war, noch nicht nach Haus gehen, sondern erst Feuer anmachen und sich ein bisschen wärmen. Da scharrte er den Schnee weg, und wie er so den Erdboden aufräumte, fand er einen kleinen goldenen Schlüssel. Nun glaubte er, wo der Schlüssel wäre, müsste auch das Schloss dazu sein, grub in der Erde und fand ein eisernes Kästchen. »Wenn der Schlüssel nur passt!« dachte er, es sind gewiss kostbare Sachen in dem Kästchen. Er suchte, aber es war kein Schlüsselloch da, endlich fand er eins, das man kaum sehen konnte, zu dem auch der Schlüssel glücklich passte. Er drehte einmal herum, und nun müssen wir warten, bis er vollends aufgeschlossen und den Deckel aufgemacht hat, dann können wir erfahren, was für wunderbare Sachen in dem Kästchen lagen.

Die Sammlung der Brüder Grimm endet also mit einem Märchen ohne Schluss. Der Leser wird bewusst irregeführt. Er ist gespannt, was sich in dem Kästchen befindet, doch erfährt er es nie. Denn Märchen sind voller Phantasie und unergründlich. Oder weißt du, was in dem Kästchen ist?

12 ›vexieren‹ bedeutet necken oder irreführen, auch bekannt aus dem Begriff ›Vexierbild‹

Ereignisvolle Jahre in Kassel

»Das Märchen ist poetischer, die Sage historischer«

In den vielen Jahren, die sie in Kassel leben, nämlich von 1806 bis 1829, sind Jacob und Wilhelm äußerst produktiv, nicht nur wegen der ersten Auflagen der »Kinder- und Hausmärchen«. Diese Jahre sind auch politisch ereignisreich, denn der Krieg gegen Napoleon geht weiter, die Verbündeten kämpfen sich bis Paris durch und Kaiser Napoleon wird 1814 gestürzt. Die Grimm-Brüder Ludwig Emil und Karl hatten an diesem Feldzug als Freiwillige teilgenommen. Während sich Wilhelm in dieser Zeit in Kassel um den gemeinsamen Hausstand kümmert und inzwischen die Anstellung als Bibliothekar erreicht, kommt Jacob als kurhessischer Gesandtschaftssekretär wieder einmal nach Paris.

Man muss sich das Reisen damals natürlich ganz anders vorstellen als heute, langwierig und beschwerlich. Das hatte aber auch den Vorteil, dass selbst auf einer solchen »Dienstreise« überall Halt gemacht wurde, alte Freunde aufgesucht oder neue Bekanntschaften geschlossen wurden. So weilt Jacob in Frankfurt bei den Brentanos, auf seinem Weg über Karlsruhe und Rastatt trifft er den preußischen Dichter Schenkendorf und lernt den Kalendermann Johann Peter Hebel kennen. Dabei hat er sogar noch Zeit, in Karlsruhe unter 500 Klosterhandschriften mitten in großer Kälte einen Titurel[13] auf Pergament *zu finden, und die Suche nach alten Handschriften und Büchern geht bis nach Paris unvermindert weiter.*

Aus Paris berichtet Jacob über die schrecklichen Zustände, über Hungernde und Tote, die der Krieg hinterlassen hat, aber auch über seine Arbeit. Über mehrere Wochen hindurch schreibt er täglich hunderte Seiten

---

13 Held eines mittelalterlichen Versepos, das in verschiedenen Fassungen existiert

aus alten Handschriften ab, weil ihm diese sonst nirgends mehr zugänglich wären. So einfach, wie es uns heute mit der Möglichkeit des Kopierens gemacht wird, ging es eben damals noch nicht.

Später ist Jacob nochmals auf einer beschwerlichen Schiffsreise nach Wien unterwegs. Dort nimmt er als kurhessischer Legationssekretär 1815 am Wiener Kongress teil. Hier wird über das weitere Geschick Deutschlands und Europas bestimmt. Seitdem bilden 38 souveräne Staaten den Deutschen Bund.

Auch in Wien sind Jacobs Gedanken gleichermaßen auf das wissenschaftliche Arbeiten in den Bibliotheken gerichtet. Bevor er endgültig nach Kassel zurückkehren kann, muss er noch einmal dienstlich nach Paris. Das sollten nicht die einzigen Reisen bleiben, aber die Brüder sind froh, als nach den unruhigen Kriegszeiten endlich etwas Ruhe einkehrt.

In Kassel geht es nun an die Auswertung und Veröffentlichung mehrerer Werke der mittelalterlichen Literatur und es erscheint zwischen 1819 und 1837 in mehreren Bänden auch ein Standardwerk Jacobs, die »Deutsche Grammatik«. Daneben war bei den Brüdern schon länger der Plan gereift, neben den Märchen eine eigene Sammlung von Sagen herauszugeben. Natürlich kann man beides nicht strikt voneinander trennen, denn das Sammeln ging Hand in Hand.

Zur Zeit der Brüder Grimm unterscheidet man noch kaum zwischen den verschiedenartigen Texten, also Märchen, Sagen, Legenden, Schwänken und anderen Geschichten. Erst sie versuchen nach bestimmten Kennzeichen exakter zu trennen, obwohl sie selbst auch immer wieder den Begriff »Sage« als Oberbegriff verwenden, also auch für Märchen, für alles, was »gesagt«, »erzählt« wird.

Mit Sagen im engeren Sinn meinen sie schließlich Texte, die meist an feste Orte gebunden, auf bestimmte Ereignisse bezogen und erzählerisch weniger ausgeschmückt sind als die Märchen. Deshalb hat Jacob in der Vorrede zur Sagensammlung auch den berühmten Satz zur Unterscheidung geprägt: Das Märchen ist poetischer, die Sage historischer.

In einem Brief vom August 1815 an August von Haxthausen geht Jacob nochmals auf den Unterschied zum Märchen ein:

Das Nächste, was wir in den Druck geben wollen, ist nicht der dritte Märchenteil, sondern der erste Teil der Land- und Ortssagen, damit auch damit der Anfang gemacht wird. Sie haben auch ihr Schönes, wiewohl sie im ganzen poetisch nicht so reich sind; ich möchte sagen: die Märchen gleichen den Blumen, diese Volkssagen frischen Kräutern und Sträuchern, oft von eigentümlichem Geruch und Hauch.

1816 erscheint der erste Band »Deutsche Sagen« mit über 360 Texten, 1818 der zweite mit nochmals rund 220. Auch hier haben die Brüder aus allen möglichen älteren und neueren Quellen zusammengetragen, und auch hier ist ihr oberster Grundsatz: Das erste, was wir bei Sammlung der Sagen nicht aus den Augen gelassen haben, ist Treue und Wahrheit.

Titelbilder von Grimms »Deutschen Sagen« im Goldmann Verlag, München

Wissenschaftliche Anmerkungen werden – im Unterschied zu den »Kinder- und Hausmärchen« – diesmal bewusst weggelassen. Doch wird die Sagensammlung nicht annähernd so ein Kinderbuch wie die Märchen, aber die Folgen sind trotzdem ganz enorm: Die »Deutschen Sagen« bleiben eine unerschöpfliche Quelle für andere Sagensammlungen und für Lesebücher bis heute. Die Brüder Grimm werden zum Vorbild für ein Heer von Sagensammlern im 19. und 20. Jahrhundert in Deutschland und anderen Ländern.

Im ersten Band stammt ein Teil aus mündlichen Quellen; die Texte sind hier meist kürzer. Im zweiten Teil stützten sich die Brüder überwiegend auf schriftliche Zeugnisse. Er bietet vor allem historische Sagen, also besondere Begebenheiten aus dem Leben bekannter Personen, wie Karl dem Großen, Tannhäuser, Wilhelm Tell und vielen anderen. Wahrscheinlich sind dir mehr von diesen Grimm'schen Sagen bekannt, als du meinst!

Eine der ganz kurzen Sagen, wie sie mündlich weitergegeben wurden, ist »Zeitelmoos«, mit ihren Zwergen und Geistern eine sogenannte dämonologische Sage:

Zeitelmoos (Nr. 46)

Auf dem Fichtelberg, zwischen Wunsiedel und Weißenstadt, liegt ein großer Wald, Zeitelmoos genannt, und daran ein großer Teich; in dieser Gegend hausen viele Zwerge und Berggeister. Ein Mann ritt einmal bei später Abendzeit durch den Wald und sah zwei Kinder beieinandersitzen, ermahnte sie auch, nach Haus zu gehen und nicht länger zu säumen. Aber diese fingen an, überlaut zu lachen. Der Mann ritt fort, und eine Strecke weiter traf er dieselben Kinder wieder, welche wieder lachten.

Die Menschen versuchten früher, auffällige Erscheinungen in der Natur oder Namen von Orten zu erklären. Eine solche Erklärungssage ist zum Beispiel »Die Teufelskanzel« (Nr. 190):

Unweit Baden im Murgtal steht eine Felsenreihe. Die Leute nennen sie Teufelskanzel und behaupten, der böse Feind habe einsmals darauf gepredigt.

Eine Sage kennst du ganz bestimmt, »Die Kinder zu Hameln«, die später meistens unter dem Titel »Der Rattenfänger von Hameln« veröffentlicht wurde.

Der Rattenfänger. Aquarellierte Zeichnung in einer Reisechronik von 1592

Die Kinder zu Hameln (Nr. 244)

Im Jahr 1284 ließ sich zu Hameln ein wunderlicher Mann sehen. Er hatte einen Rock von vielfarbigem, bunten Tuch an, weshalben er BUNDTING soll geheißen haben, und gab sich für einen Rattenfänger aus, indem er versprach, gegen ein gewisses Geld die Stadt von allen Mäusen und Ratten zu befreien. Die Bürger wurden mit ihm einig und versicherten ihm einen bestimmten Lohn. Der Rattenfänger zog demnach ein Pfeifchen heraus und pfiff, da kamen alsobald die Ratten und Mäuse aus allen Häusern hervorgekrochen und sammelten sich um ihn herum. Als er nun meinte, es wäre keine zurück, ging er hinaus, und der ganze Haufen folgte ihm, und so führte er sie an die Weser; dort schürzte er seine Kleider und trat in das Wasser, worauf ihm alle die Tiere folgten und hineinstürzend ertranken.

Nachdem die Bürger aber von ihrer Plage befreit waren, reute sie der versprochene Lohn, und sie verweigerten ihn dem Manne unter allerlei Ausflüchten, so dass er zornig und erbittert wegging. Am 26. Juni auf Johannis- und Paulitag, morgens früh sieben Uhr, nach andern zu Mittag, erschien er wieder, jetzt in Gestalt eines Jägers, erschrecklichen Angesichts, mit einem roten, wunderlichen Hut, und ließ seine Pfeife in den Gassen hören. Alsbald kamen diesmal nicht Ratten und Mäuse, sondern Kinder, Knaben und Mägdlein vom vierten Jahr an in großer Anzahl gelaufen, worunter auch die schon erwachsene Tochter des Bürgermeisters war. Der ganze Schwarm folgte ihm nach, und er führte sie hinaus in einen Berg, wo er mit ihnen verschwand. Dies hatte ein Kindermädchen gesehen, welches mit einem Kind auf dem Arm von fern nachgezogen war, darnach umkehrte und das Gerücht in die Stadt brachte. Die Eltern liefen haufenweis vor alle Tore und suchten mit betrübtem Herzen ihre Kinder; die Mütter erhoben ein jämmerliches Schreien und Weinen. Von Stund an wurden Boten zu Wasser und Land an alle Orte herumgeschickt, zu erkundigen, ob man die Kinder oder auch nur etliche gesehen, aber alles vergeblich. Es waren im ganzen hundertunddreißig verloren. Zwei sollen, wie einige sagen, sich verspätet und zurückgekommen sein, wovon aber das eine blind, das andere stumm gewesen, also dass das blinde den Ort nicht hat zeigen können, aber wohl erzählen, wie sie dem Spielmann gefolgt wären; das stumme aber den Ort gewiesen, ob es gleich nichts gehört. Ein Knäblein war im Hemd mitgelaufen und kehrte um, seinen Rock zu holen, wodurch es dem Unglück entgangen; denn als es zurückkam, waren die andern schon in der Grube eines Hügels, die noch gezeigt wird, verschwunden.

Die Straße, wodurch die Kinder zum Tor hinausgegangen, hieß noch in der Mitte des XVIII. Jahrhunderts (wohl noch heute) die b u n g e - l o s e (trommel-, tonlose, stille), weil kein Tanz darin geschehen noch Saitenspiel durfte gerührt werden. Ja, wenn eine Braut mit Musik zur Kirche gebracht ward, mussten die Spielleute über die Gasse hin stillschweigen. Der Berg bei Hameln, wo die Kinder verschwanden, heißt der Poppenberg (der auch Koppenberg genannt wurde), wo links und rechts zwei Steine in Kreuzform sind aufgerichtet worden.

Einige sagen, die Kinder wären in eine Höhle geführt worden und in Siebenbürgen wieder herausgekommen.

Die Bürger von Hameln haben die Begebenheit in ihr Stadtbuch einzeichnen lassen und pflegten in ihren Ausschreiben nach dem Verlust ihrer Kinder Jahr und Tag zu zählen. Nach Seyfried ist der 22. statt des 26. Juni im Stadtbuch angegeben. An dem Rathaus standen folgende Zeilen:

Im Jahr 1284 na Christi gebort
to Hamel worden uthgevort
hundert und dreißig Kinder dasülvest geborn
dorch einen Piper under den Köppen verlorn.

Und an der neuen Pforte:
Centum ter denos cum magus ab urbe puellos
duxerat ante annos CCLXXII condita porta fuit.
[Dieses Tor wurde errichtet, nachdem vor 272 Jahren
ein Zauberer 130 Kinder aus der Stadt geführt hatte.]

Im Jahre 1572 ließ der Bürgermeister die Geschichte in die Kirchenfenster abbilden mit der nötigen Überschrift, welche größtenteils unleserlich geworden. Auch ist eine Münze darauf geprägt.

Diese Sage, die oft als Ballade, als Roman und Theaterstück umgedichtet und auch als Bilderbuch gestaltet wurde, gibt uns bis heute Rätsel auf. Aber das macht sie ja gerade so geheimnisvoll und spannend. Wir wissen nicht genau, wer der Rattenfänger war und wohin die Kinder und Jugendlichen verschwunden sind. In der Sage wird angedeutet, dass sie in eine Höhle geführt wurden und in Siebenbürgen, im heutigen Rumänien, wieder herausgekommen sind. Man vermutet, dass es sich beim Rattenfänger um einen Mann gehandelt hat, der vielleicht Soldaten angeworben oder wahrscheinlich neue Siedler aus Deutschland in den Osten geführt hat.

»So ist es, wenn Donnerstag bey Lotte die Zeitungen gelesen werden.« Federzeichnung von Ludwig Emil Grimm, Sommer 1829. Vorne die Kinder Lotte Hassenpflugs (geb. Grimm) mit Carl Grimm, dahinter von links nach rechts Ludwig Hassenpflug mit Berta auf dem Arm, Dorothea, Wilhelm und Jacob Grimm

Diese Sage will also an ein einschneidendes Ereignis erinnern, an den Auszug der gesamten Jugend einer Stadt, da man anderswo eine neue Heimat finden wollte.

Fast ebenso bekannt sein dürften dir die zahlreichen Sagen um Rübezahl, den Herrn des Riesengebirges.

Die Brüder Grimm arbeiten in der Kasseler Zeit unermüdlich weiter. Aber es gibt auch familiär einige freudige Ereignisse: 1825 heiratet Wilhelm sein Dortchen. Von Jugend auf waren beide Brüder mit Dorothea Wild befreundet. Jacob bleibt sein Leben lang unverheiratet und fühlt sich immer mit der Familie seines Bruders aufs engste verbunden.

Wilhelms und Dortchens erster Sohn war 1826 im Kindbett gestorben, 1828 wird ihnen der Sohn Herman geboren. Dieser wird als Kunsthistoriker und Goethe-Biograph bekannt, gibt auch später die Märchen wieder heraus und liefert eine wichtige Lebensbeschreibung der späteren Jahre seines Vaters. Er lebte bis 1901.

Im Jahre 1829 erhalten die Brüder einen Ruf nach Göttingen, Jacob als ordentlicher Professor der Philosophie und als Bibliothekar, Wilhelm ebenfalls als Bibliothekar, Jacob mit 1000 Talern und Wilhelm mit 500 Talern als festem Gehalt. Aber nicht der Verdienst, sondern der berufliche Aufstieg und der Reiz einer neuen Tätigkeit verlocken die Brüder, dieses Angebot anzunehmen.

Die Kinderfrau, Frau Ewig, erzählt am Weihnachtsabend Märchen. Zeichnung von Ludwig Emil Grimm, 1829

Göttingen und die Göttinger Sieben

»Der Gedanke ist der Blitz, das Wort der Donner«

Mit dem Übergang von Kassel nach Göttingen 1830 beginnen Jacob und Wilhelm Grimm einen weiteren Abschnitt ihres gemeinsamen Lebensweges. Jacob wird Bibliothekar und Professor an der Universität, Wilhelm zunächst ebenfalls Bibliothekar, dann ab 1831 außerordentlicher, ab 1835 ordentlicher Professor. Dass der Anfang sehr schwierig ist, geht aus zahlreichen Äußerungen hervor, vor allem auch, was die zeitaufwändige und wenig fruchtbare Arbeit in der Bibliothek betrifft. So klagt Jacob:

Die hiesige Lebensart will noch nicht recht schmecken, obgleich sie auch erst fünf Wochen lang versucht worden ist. In Kassel war, vom Kurfürsten allein abgesehen, alles für unsere Natur und Arbeiten günstiger. Die Bibliothek kostete uns dort nur drei Stunden und auch in diesen waren wir ziemlich freie Herrn; hier verlangt sie wenigstens vier, in der Regel sogar fünf und sechs Stunden täglich, die mit beschwerlichen, und mich innerlich, soviel ich sehe, wenig fördernden Geschäften angefüllt sind.

Auch in weiteren Briefen kommt Jacobs Unzufriedenheit zum Ausdruck:
Ich kann es mir nicht verhehlen, dass es ein dummer Streich war, von Kassel wegzugehen [...]. Dort war ich ein freier Mann, hier komme ich mir vor wie ein Knecht im Joch. Diese Bibliothek ist ein ständig umlaufendes Rad, in welches ich täglich sechs volle Stunden treten muss; und ohne innerliche Freude an der Arbeit. [...] Kurz, mir ist bis

jetzt die ganze Stadt zuwider, die nicht einmal den Reiz für mich hat, dass ich hier studiert habe und daran Erinnerungen knüpfe. Es kommt dazu, dass mir auch Dortchen heimlich klagt und sich an die hiesigen Leute nicht gewöhnen kann und dass es hier bedeutend teurer ist als in Kassel, wodurch die Vorteile der paar hundert Taler Besoldung mehr wieder verloren gehen.

Die Klagen über die Bibliotheksarbeit sind verständlich bei einem Mann, der wissenschaftlich arbeiten will, aber jetzt Bücher ein- und umsortieren muss und dabei dauernd Katalogzettel zu schreiben hat. Nicht anders ergeht es Wilhelm, der seine Frau und das erkrankte Kind erst etwas später nach Göttingen nachholen kann. Er lobt zwar die Qualität der hiesigen Bibliothek, aber: Wie es mir hier gefällt, weiß ich selbst noch nicht recht.

Das Leben der beiden Brüder verläuft nur scheinbar ruhig, denn 1830 kommt Wilhelms Sohn Rudolf zur Welt, 1832 folgt die Tochter Auguste. Aber nicht nur seine Frau Dortchen und sein Sohn Herman hatten mit Krankheiten zu kämpfen, auch Wilhelm selbst erwischt es in Göttingen wieder schwer: Husten, Blutauswurf, Lungenentzündung, so dass er weitgehend arbeitsunfähig ist und verschiedene Heilbehandlungen über sich ergehen lassen muss. Im August 1831 berichtet er in einem Brief darüber:

Ich habe diesen Sommer so gut wie gar nichts tun können, obgleich ich jeden Morgen bald nach fünf Uhr aufstand, aber da musste ich Eimer

Lesesaal der Göttinger Universitätsbibliothek, an der die Brüder Grimm Bibliothekare waren

Emser Brunnen[14] trinken und spazieren gehen, dann kam die Bibliothek vormittags und nachmittags, endlich musste ich baden, und so war ich abends wie ein Pferd, das den ganzen Tag im Geschirre gewesen, und, wenn dies abgenommen wird, froh ist, wenn es sich einmal schütteln kann.

Und Jacob klagt darüber, dass er kaum Zeit hat, die vielen seltenen Bücher in der Bibliothek zu lesen und zu bearbeiten, da ihn auch die Vorlesungstätigkeit sehr einnimmt. So verwundert es nicht, dass er einmal gehofft hat, dass seine Vorlesung über deutsche Grammatik ausfallen würde, doch hatten sich dazu 24 Zuhörer gemeldet: Diese Vorlesung macht mir nun keine Freude, aber viel Mühe; ich muss mich besinnen, was den Studenten aus meinem Kram taugt, und es für sie ordnen und einrichten. Das Auftreten zu bestimmter Stunde auf dem Katheder hat etwas Theatralisches und ist mir zuwider. So geht nun meine Zeit dahin, pfeilschnell und einförmig, ich arbeite in einem fort von Morgen bis Abend und muss alle Arbeiten liegen lassen, die mir lieb wären. Eine Menge Bücher, die ich gern durchläse und durcharbeitete, stehen auf den Tischen […].

Jacob verzweifelt fast, dass er seinem Forschungsdrang nicht mehr nachgeben kann. Einer seiner Schüler, der später berühmte Literaturhistoriker Karl Goedeke, erinnert sich, wie der kleine lebhafte Mann mit rauher Stimme und starkem hessischen Dialekt nur mit wenigen Notizen auf einem Zettel seine Vorlesung hält, dabei aber nicht die Wirkung der bilderreichen Sprache seiner Schriften erreicht, auf die eine Feststellung wie »Der Gedanke ist der Blitz, das Wort der Donner« *eher zutreffe.*

Ganz rührend findet es Goedeke, dass Jacob manchmal mitten in der Vorlesung stockt, um sich dann mit dem Satz zu entschuldigen: Mein Bruder ist so krank.

---

14 Bad Ems, noch heute berühmtes Thermalbad, mit weitverbreiteten Produkten wie Bad Emser Pastillen

Wilhelms Zustand bessert sich allmählich, und 1831 wird er, neben seinem Bibliotheksamt, zum Professor ernannt, so dass er jetzt auch Vorlesungen halten muss, über mittelalterliche Literatur wie z. B. das »Nibelungenlied« oder Wolfram von Eschenbach, den Verfasser des »Parzival«.

Trotz allem können die Brüder auch jetzt wissenschaftlichen Tätigkeiten nachgehen, und so gibt Jacob 1834 die alten lateinischen, mittehochdeutschen und mittelniederländischen Gedichte um »Reinhardt Fuchs« heraus, und 1835 erscheint sein umfassendes Werk »Deutsche Mythologie«, in dem er die alte Götter- und Geisterwelt wieder auferstehen lässt: Wodan, Donar, Freya, Frau Holle, Frau Berchta, Nixen, Kobolde, Elfen, Riesen, Zwerge, Hexen und Zauberer.

Das wissenschaftliche Ansehen der beiden Brüder steigt stetig an, so dass sie – Jacob in noch größerem Maße – als Mitglied in die angesehensten literarischen und historischen Vereinigungen und wissenschaftlichen Akademien in Deutschland und in ganz Europa aufgenommen werden, etwa in die Königliche Akademie der Wissenschaften in Berlin und in München. Am Ende ihres Lebens sind es dann weit über 40 Mitgliedschaften und Ehrungen.

1835 wird Jacob zum Hofrat ernannt. Er unternimmt in der Göttinger Zeit mehrere Studienreisen, unter anderem nach Süddeutschland. Wilhelm reist einmal an den Rhein: Mir geht immer das Herz auf, wenn ich den Rhein und seine glückseligen Ufer wieder sehe […]. *Doch bleiben die Brüder nicht von weiteren Schicksalsschlägen verschont: Dortchen erkrankt schwer, die Schwester Lotte stirbt, Wilhelm muss erneut gesundheitliche Krisenzustände überstehen.*

1837 lassen Jacob und Wilhelm die dritte Auflage ihrer »Kinder- und Hausmärchen«, ebenfalls in zwei Bänden, erscheinen. Wilhelm widmet sie Bettine, der Witwe ihres früheren Anregers und Wegbegleiters Achim von Arnim:

Liebe Bettine, dieses Buch kehrt abermals bei Ihnen ein, wie eine ausgeflogene Taube die Heimat wieder sucht und sich da friedlich sonnt. Vor fünfundzwanzig Jahren hat es Ihnen Arnim zuerst, grün eingebunden mit goldenem Schnitt, unter die Weihnachtsgeschenke gelegt. Uns freute es, dass er es so wert hielt und er konnte uns einen schönern Dank nicht sagen. Er war es, der uns, als er in jener Zeit einige Wochen in Kassel zubrachte, zur Herausgabe angetrieben hatte. […] Ihre Kinder sind groß geworden und bedürfen der Märchen nicht mehr: Sie selbst haben schwerlich Veranlassung, sie wieder zu lesen, aber die unversiegbare Jugend Ihres Herzens nimmt doch das Geschenk treuer Freundschaft und Liebe gerne von uns an.

Inhaltlich deckt sich diese dritte Auflage weitgehend mit der zweiten von 1819, doch kommen jetzt acht neue Märchen hinzu, darunter so ein bekanntes wie »Schneeweißchen und Rosenrot«. Ein anderes, »Frau Trude«, wurde nicht so bekannt, zählt es doch zu den recht grausamen und stark moralischen Texten. Hier zeigt sich besonders deutlich, dass die »Kinder- und Hausmärchen«, wie von den Brüdern Grimm auch beabsichtigt, tatsächlich ein »Erziehungsbuch« sind, denn Kinder, die ihren Eltern nicht gehorchen, erleiden schreckliche Strafen. Man denke nur an »Rotkäppchen«, »Der Wolf und die sieben jungen Geißlein« und viele andere, in denen es um das 4. Gebot geht: »Du sollst Vater und Mutter ehren …«.

»Frau Trude«. Illustration von Maurice Sendak, 1974

Häufig wurde Kindern mit Schreckgestalten gedroht, wenn sie den Anweisungen der Eltern nicht folgten, mit dem Schwarzen Mann, mit dem Krampus, Knecht Ruprecht oder Glaubauf, mit der Hexe, dem Teufel oder auch dem Wolf. Bekannt bis heute sind auch die Drohgeschichten im »Struwwelpeter«. Die Trude, auch Trut oder Drut, die beson-

ders in den Alpenländern ihr Unwesen treibt, ist eines dieser gespenstischen Wesen, das den Menschen Alpdruck oder Albdruck, also ein bedrückendes Gefühl auf der Brust verursacht.

Das Märchen von der »Frau Trude« hatten die Brüder Grimm als Gedicht in einem Frauentaschenbuch gefunden und in eine Erzählung umgeformt. Es ist ein echtes Warn- oder Schreckmärchen und zeigt, dass nicht jede Handlung in ein Happyend münden muss.

Frau Trude (KHM 43)

Es war einmal ein kleines Mädchen, das war eigensinnig und vorwitzig, und wenn ihm seine Eltern etwas sagten, so gehorchte es nicht; wie konnte es dem gut gehen? Eines Tages sagte es zu seinen Eltern: »Ich habe so viel von der Frau Trude gehört, ich will einmal zu ihr hingehen, die Leute sagen, es sehe so wunderlich bei ihr aus, und erzählen, es seien so seltsame Dinge in ihrem Hause, da bin ich ganz neugierig geworden.« Die Eltern verboten es ihr streng und sagten: »Die Frau Trude ist eine böse Frau, die gottlose Dinge treibt, und wenn du zu ihr hingehst, so bist du unser Kind nicht mehr.«

Aber das Mädchen kehrte sich nicht an das Verbot seiner Eltern und ging doch zu der Frau Trude. Und als es zu ihr kam, fragte die Frau Trude: »Warum bist du so bleich?« »Ach«, antwortete es und zitterte am Leibe, »ich habe mich so erschrocken über das, was ich gesehen habe.« »Was hast du gesehen?« »Ich sah auf eurer Stiege einen schwarzen Mann.« »Das war mein Köhler.« »Dann sah ich einen grünen Mann.« »Das war mein Jäger.« »Darnach sah ich einen blutroten Mann.« »Das war mein Metzger.« »Ach, Frau Trude, mir grauste, ich sah durchs Fenster und sah statt Euch den Teufel mit feurigem Schopf.« »Oho«, sagte sie, »so hast du die Hexe in ihrem rechten Schmuck gesehen, ich habe schon lange auf dich gewartet und nach dir verlangt, du sollst mir leuchten.« Da verwandelte sie das Mädchen in einen Holzblock, warf ihn ins Feuer, setzte sich daneben, wärmte sich daran und sprach: »Das leuchtet einmal hell!«

Auf die Brüder Grimm wartet im selben Jahr, 1837, noch eine sehr einschneidende Erfahrung, die ihr Leben in ganz neue Bahnen lenken sollte: Sie sind »ungehorsam« gegenüber ihrem »Landesvater«, was sie auch gleich stark zu spüren bekommen.

Dazu muss man wissen, dass die Zeiten in Europa sehr unruhig waren, besonders seit der Julirevolution in Frankreich 1830. Überall murrt das Volk und fordert politisch mehr Mitbestimmungsrechte, doch die Regierenden, Kaiser, Könige und Fürsten, wollen ihre Macht möglichst uneingeschränkt behalten und wehren sich dagegen. Die Lage ist sehr verworren, da die Landkarte von Deutschland damals wie ein »Fleckerlteppich« aussieht, denn der Deutsche Bund, der 1815 beschlossen wurde, besteht aus einem Kaiserreich (Österreich-Ungarn), 5 Königreichen, einem Kurfürstentum, 7 Großherzogtümern, 10 Herzogtümern, 11 Fürstentümern und 4 Freien Städten.

Historische Karte: Deutschland nach 1815

Göttingen liegt im südlichen Königreich Hannover, das sich 1833 eine Verfassung gegeben hatte, auf die auch Jacob und Wilhelm den Treueid als Professoren abgelegt hatten. Nach dem Tod König Wilhelms IV. wird 1837 die Personalunion zwischen Hannover und England gelöst und Ernst August besteigt den Thron. Schon am 1. November hebt er die bestehende Verfassung auf, entbindet alle Professoren von ihrem Eid und will ohne Mitspracherecht der Volksvertreter weiterregieren. Da erheben etliche Professoren gegen diesen willkürlichen Akt Einspruch, und sieben von ihnen, darunter auch Jacob und Wilhelm Grimm, unterzeichnen eine Protestnote, da sie sich weiterhin an die Verfassung von 1833 gebunden fühlen. Diese Gruppe der Göttinger Sieben ist bekannt geworden und hat geschichtlich große Bedeutung erlangt, da sie Vorbild wurde für den Kampf der Menschen gegen Willkürherrschaft und Unterdrückung.

Die Reaktion von oben kommt sehr schnell, denn die sieben Professoren werden bereits am 11. Dezember aus dem Staatsdienst entlassen, so dass ihnen die Lebensgrundlage entzogen ist. Drei von ihnen, darunter auch Jacob Grimm, müssen innerhalb von drei Tagen das Land verlassen.

Man stelle sich eine so radikale Maßnahme vor! Jacob reist in aller Eile zu seinem Bruder Ludwig Emil nach Kassel, in die alte Heimat, wo er eine ausführliche Rechtfertigungsschrift über seine »Entlassung« verfasst. In ganz Deutschland findet das Verhalten der Göttinger Sieben zum allergrößten Teil Zustimmung:

Der Wetterstrahl, von dem mein stilles Haus getroffen wurde, bewegt die Herzen in weiten Kreisen. […] Ich bin keiner so weichlichen Gelassenheit, dass ich mein Recht unverteidigt preisgeben und von allen in das Kreuz oder die Quere laufenden Tagesmeinungen verdrehen lassen möchte: mein gutes Recht, das, wie unbedeutend es der Welt scheinen mag, für mich den Inbegriff alles dessen enthält, was ich errungen habe, und ohne Makel, ungelästert hüten will. Nur die Wahrheit währt […].

Die Göttinger Sieben: Wilhelm und Jacob Grimm, Albrecht, Dahlmann, Gervinus, Weber, Ewald. Lithographie von E. Ritmüller

Wilhelm darf zunächst noch in Göttingen wohnen bleiben, übersiedelt mit seiner Familie im Herbst 1838 aber auch nach Kassel, so dass die Brüder nach kurzer Trennung wieder vereint sind. Jacob und Wilhelm sind zwar, wie ihre beteiligten Kollegen auch, zunächst »arbeitslos«, doch berührt ihr Schicksal alle Schichten der Bevölkerung und eine Welle der Hilfsbereitschaft erfasst das ganze Land. Es bilden sich Hilfskomitees, Spenden werden gesammelt und an die Professoren aufgeteilt. Die Brüder Grimm haben jedoch Skrupel, allzu viel anzunehmen, weil sie sich dadurch von anderen nicht zu sehr abhängig machen wollen. Allerdings sind sie tief ergriffen von dieser breiten Anteilnahme, so dass sich Wilhelm im März 1838 in einem Brief äußert:

Mitten in dem herannahenden Geschick erscheint mir diese Zeit als die glücklichste meines Lebens, weil ich Liebe und Treue in einem Maße erfahre, in welchem ich es nicht gedacht habe, es wird, solange ich Atem ziehe, in meine Brust eingegraben sein.

Im Sommer reist Wilhelm nach Franken, wo er überall herzlichst aufgenommen wird. In Nürnberg besucht er das Grab Albrecht Dürers, des am meisten verehrten deutschen Künstlers des Mittelalters, und ist beeindruckt von einer Fahrt von Nürnberg nach Fürth mit der seit 1835 bestehenden ersten deutschen Eisenbahn.

In Kassel, das im Großherzogtum Hessen-Darmstadt liegt, arbeiten die Brüder eifrig weiter, jetzt sogar entlastet von den alltäglichen dienstlichen Aufgaben. Wilhelm gibt weitere Werke der mittelalterlichen Literatur heraus, und beide entschließen sich nun, ein umfassendes »Deutsches Wörterbuch« zu erarbeiten. Sie beginnen sogleich mit der Arbeit, was ganz entscheidend für ihren weiteren Lebensweg werden sollte.

Ihre stillen Kasseler Jahre währen nicht lange, denn schon 1840 heißt es wieder einmal: umziehen. Damit beginnt für die Brüder der letzte größere Lebensabschnitt.

Endstation Berlin

»bis an die schultern ins deutsche wörterbuch vergraben«

Die Brüder Grimm hatten inzwischen hohes wissenschaftliches Ansehen erlangt, so dass es eigentlich nur eine Frage der Zeit war, bis sie ein berufliches Angebot erhielten. Allerdings verzögert sich das doch unerwartet lang, weil es zunächst keine Regierung in Deutschland wagt, durch die Berufung von »Rebellen« zum Verräter an der Monarchie zu werden. Das ausgeprägte Freiheitsgefühl Jacobs schreckt viele ab. Allerdings ändert sich die Situation in Preußen grundlegend, als König Friedrich Wilhelm III. stirbt und sein gleichnamiger Sohn Friedrich Wilhelm, der den Brüdern Grimm sehr gesonnen ist, König wird. Gleich nach seinem Regierungsantritt verkündet er, er wolle für Berlin ausgezeichnete Kräfte aus dem gesamten deutschen Vaterlande gewinnen.

Da viele Fürsprecher, vor allem die alte Freundin Bettine von Arnim, tätig waren und Alexander von Humboldt sowie der neue Kultusminister Eichhorn die Sache vorantreiben, verdichtet sich schnell das Gerücht, dass Jacob und Wilhelm nach Berlin berufen werden sollen.

Universität Berlin.
Zeitgenössischer Stahlstich

Der Ruf kommt – also nicht ganz unerwartet – noch 1840.

Nach einer dreijährigen Übergangszeit im »Exil« in Kassel und ohne berufliche Anstellung ist es soweit: der neue preußische König Friedrich Wilhelm IV. beruft die Brüder 1840 als Mitglieder der »Akademie der Wissenschaften« mit einem Sondergehalt, 2000 Taler pro Jahr, nach Berlin.

Die Wohnungssuche gestaltet sich nicht einfach, doch leben die Brüder meist am Rande des Tiergartens, des großen Parks mitten in Berlin, wo sie auch regelmäßig ausgedehnte Spaziergänge unternehmen. Und der Weg zu ihrer Arbeitsstätte, der Humboldt-Universität, führt sie durch die Prachtstraße Unter den Linden. Die Universitätsbibliothek besitzt heute die Privatbibliothek der Brüder Grimm mit über 5.500 Büchern, und die neue Zentralbibliothek trägt den Namen »Jacob-und-Wilhelm-Grimm-Zentrum«.

Unter großer Anteilnahme werden Jacob und Wilhelm von den Studenten und Kollegen herzlich begrüßt, so dass sich ihr Arbeitsleben hier recht angenehm gestaltet. Auch privat ist alles in Ordnung, denn Jacob führt wieder zusammen mit Wilhelm und dessen Familie einen gemeinsamen Haushalt.

Trotzdem ist das gesellschaftliche Leben in Berlin gewöhnungsbedürftig, denn es gibt einfach zu viele Menschen, die den beiden arbeitswütigen Brüdern mit ihren Besuchen zu viel Zeit kosten. Das gilt selbst für die alte Freundin Bettine von Arnim, über die sich Jacob in einem Brief etwas beklagt:

Fast alle Abende, gerade zu der Zeit, wo ich am liebsten ruhigem Nachdenken mich überlasse, kommt Bettine und stört durch ihr überschwengliches, endloses, wiewohl immer anziehendes Gespräch […]. Ihre Natur ist Nacht wie Tag unermüdet, und, wenn sie nicht sieht, dass Dortchen [Wilhelms Frau] vor Schlaf die Augen zufallen, so denkt sie an kein Aufbrechen; dabei führt sie uns auch noch Leute von ihrem Umgang auf den Hals, mit denen wir sonst gar nicht eben gewillt wären, Bekanntschaft zu machen.

Die Vorlesungen der Brüder sind nicht übermäßig gut besucht, da die teilnehmende und neugierige Menge [...] sich natürlich bald verlaufen *hat, doch werden sie von ihren Studenten geliebt und verehrt. Dagegen gibt es mit den Professoren privat nur geringen Kontakt. Auch* die Sitzungen in der Akademie haben noch wenig Anziehungskraft, *denn die Kollegen haben nur geringes politisches Interesse und die Vorstellung der beiden Brüder von wissenschaftlichem Arbeiten ist doch etwas anders.*

Ihr Ansehen steigt schnell an, und so nehmen sie bei aller persönlichen Bescheidenheit wissenschaftlich und gesellschaftlich eine hohe Stellung ein. Selbst beim König werden sie eingeladen. Wilhelm berichtet 1843 in einem Brief über diesen Besuch in Charlottenburg:

Der König redete mich damit an, »Sie sind nach Ihrer Krankheit magerer geworden, aber ich beneide Sie darum.« In der Tat schien er mir stärker geworden zu sein. Er war über der Tafel munter und scherzte in seiner Weise. Nachher sprach er länger mit uns beiden, ich hatte wieder Gelegenheit, sein geistiges und einnehmendes Wesen und seine wohlwollende Natur zu bemerken [...].

Jacob tritt 1843 eine Erholungsreise nach Italien an, die ihn über Frankfurt, Basel und Mailand nach Genua führt, von dort mit dem Dampfschiff nach Neapel und Palermo, anschließend nach Rom, Florenz und Venedig und schließlich über Verona, Innsbruck und München zurück in die Heimat. Über die tiefen Eindrücke berichtet er ausführlich: Drei Gegenstände sind es, an denen sich in Italien ein offner Sinn laben kann: die Größe und Herrlichkeit der Natur, die reiche Geschichte des Landes, das Zeuge war so vielfacher in das Schicksal der Welt eingreifender Ereignisse, und die allenthalben auf ihm ausgestreuten Denkmäler der Kunst. Über alles andere aber reicht die Macht der Natur [...].

Während Jacob 1844 noch nach Dänemark und Schweden reist und auch dort – bei allen großen Unterschieden zum Süden – begeistert ist von der

Natur und den Menschen, zieht es Wilhelm 1841 zurück in die alte Heimat und an den Rhein:

Ich habe mit Dortchen eine Reise gemacht, von der wir die angenehmste, gewiss nachhaltende Erinnerung bewahren. Ich war wieder einmal in der Gegend, in der ich meine Kindheit und erste Jugend zugebracht habe. Mit welcher Bewegung bin ich da herumgegangen. Ich habe den Grabstein meines Großvaters in Steinau wieder aufgesucht [...]. Wie vieles hat sich verändert, aber auch noch vieles ist unverändert geblieben, ich sah noch denselben Bäckerladen, an welchem sich meine Schwester in weißem Kittelchen manchmal selbst ihr Frühstück, ein frisches Milchbrot, holte. Auch in meiner Geburtsstadt, in Hanau war ich vier Tage, aber das Haus, in dem ich geboren bin, war neu eingerichtet und ich konnte durch die offenen Fenster in elegante Zimmer blicken. Köln war unser letztes Ziel, der Weg auf dem Rhein hin und zurück von dem prächtigsten Wetter begünstigt.

Gemeinsam halten sich die Brüder 1846 in Frankfurt am Main auf, wo sie sich mit vielen anderen Kollegen zur Germanistenversammlung treffen. Die Versammlungen spielten nicht nur in beruflichen Fragen eine wichtige Rolle, sondern sollten auch immer stärker das Bild einer geistigen Einheit Deutschlands vermitteln. Wilhelm berichtet im Frankfurter Römer[15] *über die Arbeit am »Deutschen Wörterbuch«, Jacob wird auf Vorschlag des bekannten Germanisten und Dichters Ludwig Uhland zum Vorstand der Germanistenversammlung gewählt.*

Nachdem sie sich schon am Protest der Göttinger Sieben beteiligt hatten, konnte es nicht ausbleiben, dass die beiden Brüder auch weiterhin eng am politischen Geschehen teilnahmen. Nachdem man in der französischen Februarrevolution die Republik ausgerufen hatte, kommt es auch in Deutschland zu Unruhen. In Berlin toben im März 1848 Straßenkämpfe, woraufhin der König die Truppen abziehen lässt und eine verfassunggebende Versammlung einzuberufen verspricht.

15 Rathaus von Frankfurt am Main

Über diese Geschehnisse schreibt Wilhelm an seinen Bruder Ludwig:

Ich habe noch nie einen Tag in solcher Angst und Bewegung erlebt wie den 18. [März]. Um zwei Uhr noch Jubel über die erzielte Zusage, um drei Uhr begann schon der jammervolle Kampf. Vierzehn volle Stunden haben 2000 bis 2500 Mann mit dem Volk in den Straßen auf das Heftigste gekämpft. Das knatternde Peletonfeuer, das Krachen der Kanonen und Kartätschen war furchtbar, zumal in der Nacht.

Einzug der Mitglieder des Volksparlaments in die Frankfurter Paulskirche

In Frankfurt wird eine Nationalversammlung einberufen, die über eine Verfassung und die Einheit Deutschlands beraten soll. Jacob Grimm ist als Abgeordneter in diesem Parlament vertreten und schlägt in seiner Rede als Artikel 1 folgendes vor: »Alle Deutschen sind frei, und deutscher Boden duldet keine Knechtschaft. Fremde Unfreie, die auf ihm leben, macht er frei.«

Allerdings scheitern alle Bemühungen des Frankfurter Parlaments. Ein einiges Deutschland einschließlich Österreichs, das die Großdeutschen anstrebten, kam nicht zustande. Die kleindeutsche Richtung, die Preußen an der Spitze sehen wollte, siegte. Die Aufstände waren überall niedergeschlagen worden, und innenpolitisch werden nur halbherzige Lösungen erzielt, auch wenn in Preußen zwei Kammern eingerichtet und damit Zugeständnisse an das Volk gemacht wurden. Die weitgehend vergeblichen Anstrengungen waren auch für die Brüder Grimm sehr bedrückend.

Trotz des anerkannten und fruchtbaren Berufslebens in Berlin kommen den Brüdern doch immer wieder Todesgedanken in den Sinn, ebenso die Angst, ihr Lebenswerk nicht weiter vorantreiben oder beenden zu können. Eine testamentliche Verfügung, die Jacob schon 1837 in Göttingen verfasst und 1841 in Kassel bekräftigt hatte, unterzeichnet er nochmals 1843 in Berlin:

Ich will, dass nach meinem Tod alle meine Habe meinem Bruder Wilhelm oder dessen Kindern Herman, Rudolf und Auguste zufalle und ohne Streit und Ansprache gehöre. Da ich von Jugend auf alle Sachen mit Wilhelm zusammengehabt habe und fortwährend ungetrennte Verwaltung, Mehrung oder Minderung derselben bestanden hat, ist ohnehin keine Sonderung möglich. Zu meinen übrigen Geschwistern, die ich alle lieb habe, vertraue ich fest, dass sie diesen meinen herzlichen, wohl bedachten Willen ebenso heilig halten, als wäre er auf das Förmlichste ausgedrückt. Auch will ich, dass meine sämtlichen Kollektaneen[16] verbrannt werden. Ausgenommen sind die Sammlung von Weistümern[17] sowie alles in gebundnen Büchern Niedergeschriebene, was von kundigen Händen vielleicht gebraucht werden kann.

1840 ist die vierte Auflage der »Kinder- und Hausmärchen« erschienen: Sie bringt gegenüber der dritten von 1837 einige neue Texte, vor allem ein paar Tiergeschichten wie »Das Waldhaus«, »Der Zaunkönig«, »Die Scholle«, »Rohrdommel und Wiedehopf« und »Die Eule«, aber auch eine Schwankgeschichte wie »Die hagere Liese«, zu der die Brüder Grimm das Vorbild in der alten Sammlung »Wendunmuth«[18] gefunden hatten:

16 Sammlung von Auszügen aus wissenschaftlichen oder literarischen Werken

17 Rechtsaltertümer

18 Von Hans Wilhelm Kirchhof, 1563; so oder ähnlich hießen damals unterhaltsame Geschichtensammlungen: »Wende den Unmut«, also: Unterhalte mich, mache mir gute Laune!

Die hagere Liese (KHM 168)

Ganz anders als der faule Heinz und die dicke Trine, die sich von nichts aus ihrer Ruhe bringen ließen, dachte die hagere Liese. Sie äscherte sich ab von Morgen bis Abend und lud ihrem Mann, dem langen Lenz, so viel Arbeit auf, dass er schwerer zu tragen hatte als ein Esel an drei Säcken. Es war aber alles umsonst, sie hatten nichts und kamen zu nichts.

Eines Abends, als sie im Bette lag und vor Müdigkeit kaum ein Glied regen konnte, ließen sie die Gedanken doch nicht einschlafen. Sie stieß ihren Mann mit dem Ellenbogen in die Seite und sprach: »Hörst du, Lenz, was ich gedacht habe? Wenn ich einen Gulden fände, und einer mir geschenkt würde, so wollte ich einen dazu borgen, und du solltest mir auch noch einen geben: sobald ich dann die vier Gulden beisammen hätte, so wollte ich eine junge Kuh kaufen.« Dem Mann gefiel das recht gut. »Ich weiß zwar nicht,« sprach er, »woher ich den Gulden nehmen soll, den du von mir willst geschenkt haben, aber wenn du dennoch das Geld zusammenbringst, und du kannst dafür eine Kuh kaufen, so tust du wohl, wenn du dein Vorhaben ausführst.« »Ich freue mich«, fügte er hinzu, »wenn die Kuh ein Kälbchen bringt, so werde ich doch manchmal zu meiner Erquickung einen Trank Milch erhalten.« »Die Milch ist nicht für dich«, sagte die Frau, »wir lassen das Kalb saugen, damit es groß und fett wird und wir es gut verkaufen können.« »Freilich«, antwortete der Mann, »aber ein wenig Milch nehmen wir doch, das schadet nichts.« »Wer hat dich gelehrt mit Kühen umgehen?«, sprach die Frau, »es mag schaden oder nicht, ich will es nicht haben: und wenn du dich auf den Kopf stellst, du kriegst keinen Tropfen Milch. Du langer Lenz, weil du nicht zu ersättigen bist, meinst du, du wolltest verzehren, was ich mit Mühe erwerbe.« »Frau«, sagte der Mann, »sei still, oder ich hänge dir eine Maultasche an.« »Was«, rief sie, »du willst mir drohen, du Nimmersatt, du Strick, du fauler Heinz.« Sie wollte ihm in die Haare fallen, aber der lange Lenz richtete sich auf, packte mit der einen Hand die dürren Arme der hagern Liese zusammen, mit der andern drückte er ihr den Kopf auf das Kissen, ließ sie schimpfen und hielt sie so lange, bis sie vor großer Müdigkeit eingeschlafen war.

Ob sie am andern Morgen beim Erwachen fortfuhr zu zanken oder ob sie ausging, den Gulden zu suchen, den sie finden wollte, das weiß ich nicht.

Die Geschichte von der »Hageren Liese« ist ein typischer Eheschwank, wie er früher sehr beliebt war. Dagegen ist das ebenfalls neu hinzugekommene Märchen »Die Boten des Todes« noch bis heute sehr bekannt. Es stammt aus derselben Quelle und wurde seit Jahrhunderten immer wieder bearbeitet. Diese »Legende« möchte den christlichen Menschen daran erinnern, dass er immer auf den Tod gefasst sein sollte. Und allmählich kamen die Brüder Grimm in ein Alter, das sie selbst auch immer mehr an den Tod denken ließ, denn auch die »Boten des Todes«, die Krankheiten, meldeten sich immer stärker, besonders bei Wilhelm.

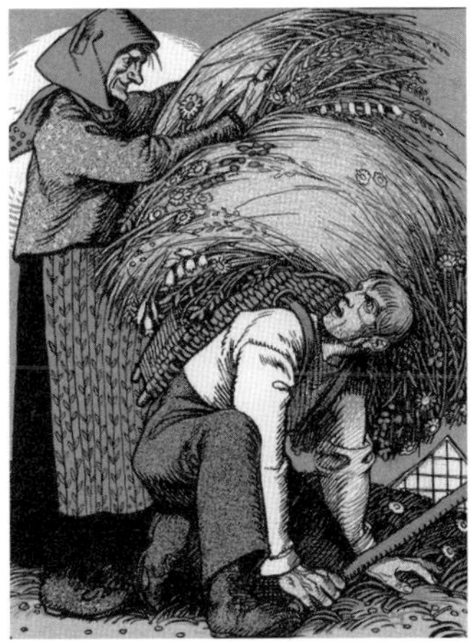

»Die hagere Liese und der lange Lenz«. Illustration von Rudolf Schiestl, 1908

1840 schenkt Wilhelm dem befreundeten Literaturwissenschaftler Karl Goedeke die vierte Auflage der »Kinder- und Hausmärchen«, nicht zuletzt deshalb, weil dieser hierzu die beiden Texte »Das Waldhaus« und »Der Zaunkönig« beigesteuert hat. Dieser bedankt sich bei ihm mit herzlichen Worten und geht direkt auf das Verdienst Wilhelms ein, den Märchentexten die passende Form gegeben zu haben:

Für die schöne Gabe der neuen Kindermärchen, die ich seit vorgestern durch Ihre Freigebigkeiti besitze, sage ich Ihnen den gerührtesten

Dank. Ein schönres Weihnachtsgeschenk konnte mir nicht gemacht werden als gerade dies Buch. Vor einem halben Menschenalter fand ich es als elfjähriger Knabe unter meinen Weihnachtsgaben und schwelgte damals in der Welt, die das Buch mir aufschloss. Die Erzähler erschienen mir wie geheimnisvolle, selbst vom Sagenduft umhauchte Wundermänner, und ihnen einmal in erfurchtsvoller Ferne zu nahen, brannte ich vor Verlangen [...]. Dass ich jemals etwas zu den Schätzen der Kindermärchen sollte beisteuern können, hätte ich vor fünfzehn Jahren nicht geglaubt und auch jetzt, da ich das Waldhaus und den Zaunkönig im zweiten Band gelesen, tritt es mir lebhaft vor die Seele, dass nur in solcher Fassung, wie die der beiden Stücke ist, der Zauber liegt, der Ihr Buch vor ähnlichen Sammlungen ähnlicher Stoffe auszeichnet und der Jugend wert macht. Jetzt erst sind die beiden Märchen schön geworden.

Auch die fünfte Auflage von 1843 wird nochmals stark erweitert, und der sechsten Auflage 1850 werden wiederum einige Texte angefügt. Die siebte Auflage ist die letzte, die von den Brüdern Grimm vor ihrem Tod betreut werden kann. Sie kommt 1857 heraus und ist gegenüber der vorigen nur wenig verändert. Damit hatte ein grandioses und folgenreiches Werk über fast ein halbes Jahrhundert hinweg seine endgültige Gestalt gewonnen.

Rückblickend schreibt Wilhelm in einem Zeitungsartikel 1857 über die zusammen mit seinem Bruder Jacob geleistete Arbeit:

Die erste Ausgabe enthielt 155 Märchen, die letzte (1850) 210, außerdem habe ich von den 155 eine beträchtliche Anzahl durch neue oder bessere ersetzt, andere vervollständigt; auch in der nächsten Auflage werden einige neue vorkommen. Die Sammlung ist also beständig gewachsen. Die Anmerkungen nehmen in der ersten Ausgabe 130 Seiten ein, die gegenwärtige, in welcher ich auch die Nachträge meines Bruders benutzt habe, enthält 418 Seiten.

Nun gibt es natürlich auch schon zu Lebzeiten der Brüder Grimm eine Fülle an Würdigungen für die »Kinder- und Hausmärchen«, nicht nur durch ihre Freunde und Kollegen, sondern vor allem auch durch die Kinder selbst, bei denen die Märchen bestens ankommen.

Wilhelm berichtet 1859 der früheren Märchenbeiträgerin Anna von Arnswaldt, geb. Haxthausen, eine tatsächliche Begebenheit, die auch schon verschiedene Zeitungen aufgegriffen hatten:

Sie haben wohl von dem Märchengroschen gelesen, den uns ein kleines Mädchen brachte; die Geschichte hat die Runde in den Zeitungen gemacht. Man glaubt, sie sei erfunden, sie ist aber wahr. Es war ein feines Kind mit schönen Augen. Es war erst bei dem Jacob, dann brachte es Dortchen zu mir. Es hatte das Märchenbuch unter dem Arm und fragte: »Darf ich Ihnen etwas daraus vorlesen?« und las dann das Märchen, an dessen Schluss steht »Wers nicht glaubt, bezahlt einen Taler«, gut und mit natürlichem Ausdruck. »Da ich es nun nicht glaube, so muss ich Ihnen einen Taler bezahlen, ich erhalte aber nicht viel Taschengeld und kann es nicht auf einmal abtragen.« Es holte aus seinem Rosageldtäschchen einen Groschen und reichte mir ihn hin. Ich sagte, »Ich will dir den Groschen wiederschenken.« »Nein«, antwortete es, »die Mama sagt, Geld dürfe man nicht geschenkt nehmen.« Dann nahm es artig den Abschied.

Wem fällt denn nun gleich ein, wo dieser Schlusssatz vorkommt? Er steht am Ende des Märchens »Vom klugen Schneiderlein« (KHM 114).

Wir konnten sehen, wie groß der Anteil Wilhelms bei der Herausgabe der sieben Auflagen war, vor allem bei der sprachlichen, stilistischen und inhaltlichen Bearbeitung der Texte. Das war natürlich immer mehr bekannt geworden, so dass sich Jacob 1860, also ein Jahr nach dem Tode seines Bruders, einmal in auffälliger Weise gegenüber dem Germanistenkollegen Pfeiffer dazu geäußert und gerechtfertigt hat:

Mehr liegt mir an, eine andere jetzt hin und wieder auftauchende Meinung nicht aufkommen zu lassen, die, dass die Märchen hauptsächlich von meinem Bruder, nicht von mir ausgegangen seien. Ich habe für den Ursprung des Werkes und die ersten Ausgaben gerade so viel als er, vielleicht noch mehr getan (es war längst mein Plan, besondere Forschungen über die Natur der Märchen bekannt zu machen) und den Wert dieser Überlieferungen für Mythologie gleich erkannt, lebhaft auf die Treue der Sammlung gehalten und Verzierungen abgewehrt. Die späteren Auflagen, weil ich in Grammatik versenkt war, ließ ich Wilhelm redigieren[19] und einleiten, ohne dass meine Sorgfalt für Sammeln und Erklären je nachgelassen hätte. Wie sollte es auch anders sein können.

Neben den Neuausgaben der Märchen, die ohnehin nur noch Wilhelm bewerkstelligt, geben die Brüder Grimm weitere Werke der deutschen Literatur des Mittelalters heraus, doch besteht ihre Hauptaufgabe in Berlin vor allem in der Bearbeitung und Forführung des »Deutschen Wörterbuches«. Das ist ein Unternehmen von unvorstellbarem Ausmaß, an dem ein immer größeres Heer an Mitarbeitern teilnimmt und bei dem sich immer größere Berge an Notizzetteln ansammeln. Dass es die Brüder zu Lebzeiten niemals würden vollenden können, wird ihnen schnell klar, denn immerhin sollte jedes deutsche Wort in allen seinen Bedeutungen erfasst werden. Dabei sollten sogar alle wichtigen Stellen, an denen es bisher vorkam, nachgewiesen werden. Eine fast unlösbare Aufgabe!

Jacob Grimm schreibt noch 1850 an seinen Kollegen Gervinus:

Das übernommene große Wörterbuch drückt mit bleiernem Gewicht und ich werde ihm zu Gefallen manches andere mir liebere müssen fahren lassen. Wenn ich bei irgendeiner Arbeit die Schwierigkeit des Anfangs je fühlte, so ists bei dieser […].

---

19 für den Druck bearbeiten und vorbereiten

Erster Band des »Deutschen Wörterbuches«, 1854, Titelblatt

Nachdem schon vor 1840 die Planungen zum »Deutschen Wörterbuch« begonnen hatten, kommen Anfang der 1850er Jahre die ersten Druckbogen heraus und werden von den Fachleuten mit großer Begeisterung aufgenommen. Schließlich erscheint sehnlichst erwartet 1854 der erste Band, der mit dem Vorwort über 1900 engbedruckte Spalten umfasst.

Darin heißt es am Anfang:
Auch wissenschaftliche unternehmungen, denen es noth thut tiefe wurzel zu schlagen und weit zu greifen, hängen von äuszeren anlässen ab. allgemein bekannt ist, dasz im jahr 1837 könig Ernst August von Hannover die durch seinen vorgänger gegebne, im lande zu recht beständige und beschworne verfassung eigenmächtig umstürzte, und dasz mit wenigen andern, die ihren eid nicht wollten fahren lassen (denn wozu sind eide, wenn sie unwahr sein und nicht gehalten werden sollen?), ich und mein bruder unserer ämter entsetzt wurden. […]

Nun schreiben die Brüder ausführlich über die Schwierigkeiten, die sie überwinden mussten, über ihre Ziele mit dem Wörterbuch und ihre Methoden, über die vielen Mitarbeiter und die zahlreichen Quellen, die sie benutzt haben.

Das Lesen dieses kurzen Einleitungsteils wird dir vielleicht schwergefallen sein, weil dieser hier so wiedergegeben ist, wie er im ersten Band des Wörterbuchs von 1854 tatsächlich abgedruckt ist. Das war die Schreibweise der Brüder Grimm; sie wollten überhaupt die Kleinschreibung der deutschen Sprache durchsetzen, sogar bei den Satzanfängen innerhalb eines Abschnitts. Ausnahmen sollten vor allem Namen sein. Diese Reform einer Vereinheitlichung gelang ihnen aber nicht. Doch wird das, was die Brüder Grimm vor etwa 200 Jahren versucht hatten, bis heute immer wieder gefordert.

Aber natürlich war zu einer Zeit, als Deutschland aus vielen Kleinstaaten bestand, das Wörterbuch auch ein nationales Anliegen, denn es sollte wenigstens die deutsche Sprache als gemeinsamer Schatz erscheinen.

Wilhelm hat nur die Veröffentlichung des ersten Bandes noch erlebt, der vom Buchstaben »A« bzw. dem Wort »Aal« bis zum Wort »Biermolke« reicht, aber er hatte für die nächsten Bände schon viel Vorarbeit geleistet. Zu Lebzeiten Jacobs kommen noch Band II und III heraus; da war man erst bis zum Wort »Forsche« gelangt. Es blieb also noch sehr viel zu tun, im Namen der Brüder Grimm wurde das Werk fortgeführt und 1960 mit dem sechzehnten Band abgeschlossen, so dass man tatsächlich von einem »Jahrhundertwerk« sprechen kann. In Wirklichkeit sind es sogar 32 Bände, da einige in mehreren Teilbänden erschienen sind. Zum Beispiel gibt es von Band IV allein sechs Teilbände, und später kam noch als 33. ein Band mit sämtlichen Quellenangaben hinzu.

Inzwischen gibt es auch den »Digitalen Grimm«, also das ganze Wörterbuch auf CD-ROM. Die 300 Millionen Zeichen mussten in China von vielen Datentypistinnen getippt werden. Diese verstanden zwar kein Deutsch, doch war dies eher ein Vorteil. Sie mussten jedes Zeichen vor dem Tippen ganz genau ansehen, so dass es kaum Fehler gab. Von einem solchen Mammutprojekt kann man sich also kaum eine Vorstellung machen!

Auch wenn natürlich inzwischen vieles veraltet ist und ergänzt werden müsste, bleibt das »Deutsche Wörterbuch« der Brüder Grimm eine bis heute unübertroffene Leistung und als Nachschlagewerk immer noch unentbehrlich, auch wenn eine Neubearbeitung längst im Gange ist, aber wohl nie ganz gelingen wird. Die digitalisierte Form bietet jetzt freilich bessere Möglichkeiten, am Wörterbuch zu arbeiten und laufend Ergänzungen einzubringen.

Das Frontispiz im ersten Band des »Deutschen Wörterbuchs« zeigt eine berühmte Abbildung der beiden Brüder. Allerdings mochte Jacob die Vor-

Wilhelm und Jacob Grimm.
Stahlstich nach einer Daguerrotypie [20]
von Hermann Biow um 1850

lage für diesen Stich, die Fotographie eines bekannten Porträtfotographen, gar nicht, denn Wilhelm sitze da im stul wie ein kranker und ich habe das ansehn eines herangerufenen hausverwalters.

Den beiden Brüdern bleibt nur noch wenig Lebens- und Schaffenszeit, Wilhelm noch weniger als Jacob. Am 16. Dezember 1859 stirbt Wilhelm an einem »Rückgratblutgeschwür« mit knapp 74 Jahren, was in Anbetracht der lebenslangen Krankheiten für die damalige Zeit immerhin noch ein

20 ältestes fotographisches Verfahren

relativ hohes Alter war. Damit ist die »Hälfte« von Jacob gestorben: Von Kindesbeinen waren wir zusammen und in Gemeinschaft, so dass mir nun alle Faden durchschnitten sind.

Herman, der Sohn Wilhelm Grimms, beschreibt im Nachruf auf seinen Vater, wie er, sein Bruder und Jacob am Grab stehen: Es war ein tränenerzwingender Anblick, als Jacob sein Haupt entblößte, sich bückte und eine Hand voll Erde aufraffte, um sie dem Toten nachzuwerfen, der nun allein in der kalten Tiefe zurückblieb […].

Und die Kassler Zeitung schreibt am 24. Dezember 1859:
Der Heimgang seines Bruders Wilhelm hat auf Jacob Grimm einen solchen erschütternden Eindruck gemacht, dass bis jetzt alle Trostworte der Freunde es nicht vermocht haben, den schwergebeugten zurückgebliebenen Bruder einigermaßen wieder aufzurichten. Fast stumm und sprachlos irrt Jacob Grimm in den Zimmern des geliebten Bruders umher, und nur ein langer, kramphafter Händedruck und ein unbeschreiblicher Schmerzensblick sagt den Freunden, wie tief das Herz Jacob Grimms getroffen ist. Niemand kann sich der Tränen erwehren, wer den Zurückgebliebenen des so innig miteinander verwachsenen Bruderpaares, das ein Stolz des deutschen Vaterlandes so lange Jahre hindurch gewesen ist, erblickt.

Neben einer weisen Rede »Über das Alter« hat Jacob auch eine innige Gedächtnisrede auf seinen Bruder gehalten. Wie wichtig ihnen immer das wissenschaftliche Arbeiten war, zeigen nicht nur die Ausführungen von Herman Grimm im Nachruf auf seinen Vater Wilhelm, über die vielen Pläne, die er noch auszuführen gedachte, sondern auch Äußerungen von Jacob, der sich beim Tode seines Bruders erleichtert darüber zeigt, dass dieser die Bearbeitung der Wörter zum Buchstaben ›D‹ für das »Deutsche Wörterbuch« gerade noch hatte zu Ende bringen können. Er selbst arbeitet in den knapp vier Jahren, die ihm noch bleiben, unermüdlich weiter, während ihm seine Schwägerin Dortchen den Haushalt führt. Sein Neffe Herman gibt über die letzte Lebenszeit Jacobs Auskunft:

Wenn es ihm darauf ankam, arbeitete er ohne Unterbrechung. Er ahnte nicht, daß er so plötzlich für immer unterbrochen werden sollte. Er hatte viel vor. Er wollte am Wörterbuch fortschreiben, zu den Märchen sollte eine Einleitung kommen, der folgende Band Weistümer gedruckt werden und mit einer weitausgreifenden Einleitung versehen werden. Ein Buch über deutsche Sitten und Gebräuche hatte er vor. Ein Buch über Ossian[21] lag in der Zukunft, dazu gewiß noch vieles, wovon niemand außer ihm wußte.

War im April 1863 der Malerbruder Ludwig Emil gestorben, so folgt Jacob schon im September nach. Am Samstag, den 19. September, erleidet er einen Schlaganfall, der ihn teilweise lähmt. Am nächsten Tag, am Sonntagabend, stirbt er an einem zweiten Schlaganfall. Dorothea Grimm, die langjährige Wegbegleiterin von Wilhelm und Jacob, lebt bis 1867.

Hier endet die Lebensgeschichte von Jacob und Wilhelm Grimm, die auch bei ihrer letzten Ruhestätte auf dem alten St.-Matthäus-Kirchhof in Berlin-Schöneberg noch vereint sind. Doch leben die beiden Brüder im Gedächtnis der Menschheit bis heute weiter.

Grabstätte auf dem Matthäi-Friedhof in Berlin

21 alter irisch-schottischer Held und Dichter

Faszination Märchen – weltweit

»... und wenn sie nicht gestorben sind«

Die »Kinder- und Hausmärchen« der Brüder Grimm sind ganz bestimmt nicht gestorben, sie sind in unserer Mediengesellschaft lebendiger als je zuvor.

Wie so viele andere berühmte Bücher hatten sie am Anfang aber gar keinen so großen Erfolg. Obwohl die erste Auflage 1812/1815 nicht hoch war, ging der Absatz nur schleppend voran. Als die zweite Auflage 1819 erschien, war zwar der erste Band von 1812 vergriffen, aber von den etwa tausend Exemplaren des zweiten Bandes waren immer noch 350 übrig. Sie wurden schließlich eingestampft. Und 1833 klagt der Verleger, dass von der zweiten Auflage immer noch mehrere hundert Stück auf Lager seien.

War schon eine englische Auswahlausgabe von 1823 recht erfolgreich, so macht in Deutschland erst die »Kleine Ausgabe« mit 50 ausgewählten Texten von 1825 die »Kinder- und Hausmärchen« richtig populär und verhilft dadurch auch den großen Ausgaben zu besseren Verkaufszahlen.

Jetzt entwickeln sich die »Kinder- und Hausmärchen« der Brüder Grimm neben der Luther-Bibel zum bekanntesten und weltweit am meisten verbreiteten deutschen Buch. Übersetzt wurden sie in über 170 Sprachen in allen Erdteilen.

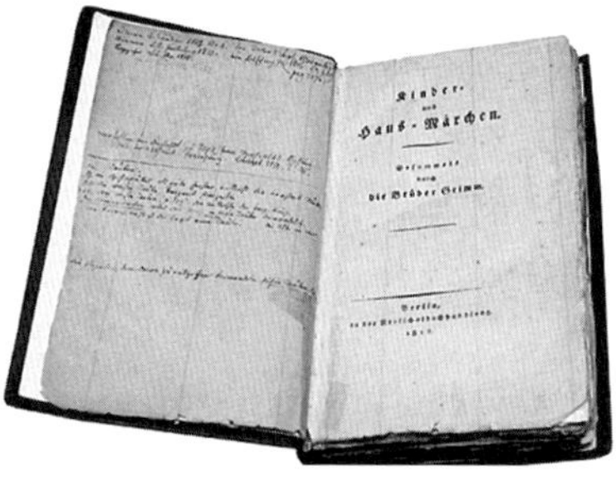

Das Handexemplar der »Kinder- und Hausmärchen« 1812 mit handschriftlichen Notizen der Brüder Grimm

Die bedeutendste erhaltene Quelle für die Entstehungs- und Wirkungsgeschichte der Grimm'schen Märchen sind die sogenannten »Kasseler Handexemplare« der »Kinder- und Hausmärchen« mit zahlreichen eigenhändigen Ergänzungen und Notizen der Brüder Grimm. Diese in Kassel aufbewahrten Handexemplare wurden 2005 von der UNESCO zum Weltdokumentenerbe erklärt und befinden sich damit weltweit in der Gesellschaft anderer berühmter Bücher und Schriftstücke.

Inzwischen haben die Brüder Grimm mit ihren Märchen eine solche Popularität erreicht, dass du ihre Porträts bei allen möglichen Gelegenheiten und auf den verschiedensten Gegenständen abgebildet finden kannst. Das erreicht natürlich immer dann einen Höhepunkt, wenn ein Jubiläumsjahr stattfindet, so wie etwa zum 200-jährigen Erscheinen des ersten Bandes der »Kinder- und Hausmärchen« im Jahre 2012.

Schon vor Einführung des Euro zierten die Brüder Grimm den alten 1000-Mark-Schein, als Wasserzeichen diente passenderweise auch noch die Szene aus dem Märchen »Die Sterntaler«, wie das Mädchen gerade den Goldsegen in ihrem Hemdchen auffängt. Auf der Rückseite wird mit einem aufgeschlagenen Band des »Deutschen Wörterbuches« auf eine weitere große Leistung der Brüder Grimm hingewiesen.

2012 wurde eine 10-Euro-Münze geprägt und eine Briefmarke mit Märchenmotiven herausgegeben.

Die Porträts von Jacob und Wilhelm auf dem Geldschein kommen dir jetzt bestimmt schon recht bekannt vor, aber wahrscheinlich kannst du auch die auf der Briefmarke abgebildeten Märchen gleich erkennen.

Briefmarke aus dem Jahre 2012

1000-Mark-Schein, Vorderseite

1000-Mark-Schein, Rückseite

Du wirst aber die Brüder Grimm selbst oder Märchen-Motive von ihnen auch schon anderswo entdeckt haben: vor allem in der Werbung, auf Käseschachteln und Bierflaschen, für Autos und Süßigkeiten.

Bilder finden sich auf allen Gegenständen, die für Kinder gedacht sind, auf Kleidung, Spielzeug oder Schulsachen. Wenn du Zeitung liest, wirst du fast täglich Überschriften entdecken wie »Wer ist die Schönste im ganzen Land …«, z.B. bei einem Schönheitswettbwerb, »Sieben (oder drei, vier, fünf usw.) auf einen Streich …«, wenn jemand eine besondere Leistung vollbracht hat.

Werbefachleute, Journalisten und Schriftsteller benützen ganz häufig Teile, Überschriften oder Sprüche aus Märchen, weil sie damit Aufmerksamkeit erregen oder ganz bestimmte Aussagen andeuten wollen. Das geht natürlich nur, weil ihnen bewusst ist, dass den Lesern kaum etwas ande-

res vertrauter ist als die Grimm-Märchen. Und das gilt vom Kleinkindalter an bis ins hohe Alter, weil die ganz frühen Erfahrungen immer im Gedächtnis haften bleiben.

Die Märchen werden heute in unvorstellbarem Ausmaß vermarktet, wie du dies auch von anderen bekannten Kultfiguren kennst. Denke nur an die »Biene Maja« von Waldemar Bonsels oder an die Tiger-Ente von Janosch.

Auch die Geschichte der Märchen-Illustration reicht schon bald 200 Jahre zurück, denn sie begann 1823 mit George Cruikshank in England und verläuft von den Bildern des Malerbruders Ludwig Emil Grimm über Moritz von Schwind, Ludwig Richter, Otto Ubbelohde, Paul Hey und viele andere bis in die Gegenwart. Heute erscheinen jedes Jahr zahlreiche illustrierte Märchenbilderbücher, und fast alle bekannten Künstler haben sich darin versucht, die »Kinder- und Hausmärchen«, zumindest einen Teil davon, zu illustrieren: Tomi Ungerer, Binette Schroeder, Nikolaus Heidelbach, Lisbeth Zwerger, Klaus Ensikat, Werner Schinko, Werner Klemke, Monika Laimgruber, Rotraud Susanne Berner, Susanne Janssen, Warja Lavater und viele andere mehr.

Wie unterschiedlich der Stil der Künstler ist, kannst du allein schon an den wenigen Beispielen zum Märchen »Rapunzel« in diesem Buch sehen.

Aber nicht nur in Deutschland, sondern auf der ganzen Welt haben sich die größten Künstler immer wieder den Märchen gewidmet. Und so tauchen diese in ABC-Büchern, Wimmelbüchern und den immer noch beliebten Pop-Ups ebenso auf wie in künstlerisch hochwertigen Prachtausgaben, wie z. B. in »Es war einmal … Die wahren Märchen der Brüder Grimm und wer sie ihnen erzählte« von Heinz Rölleke und Albrecht Schindehütte (2011), der auch das Cover zu diesem Buch gestaltet hat. Waren es im 19. Jahrhundert die beliebten Bilderbogen, die in einfacher Abfolge ein Märchen mit wenigen Bildern und kurzen Texten nacherzählten, so sind es heute Märchen-Comics und Märchen-Mangas.

Im Medienzeitalter ist die Fülle des Angebots fast unüberschaubar geworden. Märchen werden gerne verfilmt, ob als Fernsehserie wie »SimsalaGrimm« oder als abendfüllender Kinofilm von Walt Disney oder Dreamworks. Vor allem in der Weihnachtszeit werden zahlreiche Märchenfilme im Fernsehen angeboten, z.B. »Sechs auf einen Streich« (ARD) oder »Märchenperlen« (ZDF). Dabei sind die Vorlagen, die »Kinder- und Hausmärchen« der Brüder Grimm, oft gar nicht mehr wiederzuerkennen. Hinzu kommen alle Formen von Spielen: Brettspiele, Kartenspiele, Mitmach- und Gewinnspiele bis hin zur Quizshow. Märchen sind allgegenwärtig durch App, Podcast oder Blog, durch Facebook, Twitter oder SMS.

Brigitte Klinkel erzählt Märchen

Da es sich beim Märchen ursprünglich um eine »mündliche« oder »orale« Literaturgattung handelt, ist man davon überzeugt, dass das Erzählen die angemessene Darbietung sei. Das Erzählen in den Familien ist zwar heute aus verschiedenen Gründen stark zurückgegangen, aber die Märchen sind als Hörbuch, auf CD oder MP3-Download jederzeit verfügbar. Trotzdem wird die Notwendigkeit des persönlichen Erzählens immer wieder betont. Dazu gibt es ausgebildete Erzählerinnen und Erzähler, die auch Schulen besuchen.

Um die Märchenkultur zu pflegen, haben sich verschiedenste Einrichtungen wie die Europäische Märchengesellschaft (EMG), die Schweizerische Märchengesellschaft (SMG) und viele regionale Erzählkreise gebildet. Die Märchen-Stiftung Walter Kahn fördert Projekte, verleiht Preise und gibt die Zeitschrift »Märchenspiegel« heraus.

Im Jubiläumsjahr 2012 wurde das mit einer Fülle von Veranstaltungen besonders betont. In München hat man dazu sogar eine Mammutveranstaltung durchgeführt: Drei Erzählerinnen, die sich die »Schwestern Grimm« nennen, haben drei volle Tage hindurch alle 200 Grimm-Märchen frei erzählt.

Solche Rekorde muss man nicht unbedingt aufstellen, aber sie machen darauf aufmerksam, welche Tradition das Märchenerzählen hat. Das solltest du vielleicht selbst auch einmal ausprobieren und mit einem ganz kurzen Märchen beginnen, zum Beispiel mit dem »Goldenen Schlüssel«. Aber auch das ausdrucksvolle Vorlesen ist eine ebenso unterhaltsame und nützliche Sache.

Titelbild des »Märchenspiegel« (Heft 3/2012) mit Werner Schinkos Linolschnitt zu »Rapunzel«

Eine andere Form ist das darstellende Spiel auf der Bühne, also das Märchen als Theaterstück, oder das Figurenspiel mit Puppen oder Marionetten, wie es unter anderem die Augsburger Puppenkiste pflegt.

Dazu gehören aber auch musikalische Bearbeitungen vom Lied über Ballett und Musical bis hin zur Oper. Am bekanntesten und seit über 100 Jahren immer wieder aufgeführt ist Engelbert Humperdincks Märchenoper »Hänsel und Gretel«.

Du konntest sehen, wie sehr sich die Märchentexte von den mündlichen Erzählern und schriftlichen Quellen über die handschriftlichen Aufzeichnungen der Brüder Grimm, ihre erste Auflage von 1812/1815 und über die zweite 1819 und alle weiteren Auflagen verändert haben. So lebt auch das Märchen weiter, es wird bis heute umerzählt und umgestaltet, es wird »verfremdet«, und es werden neue Märchen erfunden, nicht nur von dir in der Schule, sondern auch von Schriftstellern. Am bekanntesten geworden ist »Janosch erzählt Grimms Märchen«.

Die Vielfalt der internationalen Erzählkultur wird von der Forschungsstelle »Enzyklopädie des Märchens« in Göttingen erschlossen und in einem vielbändigen Lexikon dokumentiert.

Das Brüder Grimm-Denkmal in Hanau (1896), gestaltet von Syrius Eberle

Wer den Lebenslauf und das Schaffen der Brüder Grimm verfolgt hat, kann eigentlich nur staunen über die großen und überdauernden

Leistungen, die sie im Bereich der Literatur und der Sprache vollbracht haben, und über die unglaubliche Wirkung, die sie damit erzielen konnten.

Am bekanntesten geblieben sind sie freilich mit ihren »Kinder- und Hausmärchen«, die noch heute auf der ganzen Welt Kinder und Erwachsene erfreuen. Und so kommt uns das Leben der Brüder Grimm und die Erinnerung an sie selbst »wie ein Märchen« vor.

Biographischer Überblick

1785 Jacob Grimm wird am 4. Januar als Sohn von Philipp Wilhelm und Dorothea Grimm, die insgesamt neun Kinder haben, in Hanau geboren.

1786 Wilhelm Grimm wird am 24. Februar geboren.

1791 Die Familie zieht nach Steinau um, wo der Vater Amtmann ist.

1796 Der Vater stirbt, so dass die Familie in finanzielle Schwierigkeiten gerät.

1798 Jacob und Wilhelm ziehen nach Kassel und besuchen dort das Gymnasium.

1802 Jacob beginnt an der Universität Marburg das Jurastudium. Wilhelm erkrankt zum ersten Mal schwer.

1803 Wilhelm beginnt ebenfalls in Marburg mit dem Jurastudium.

1805 Jacob reist erstmals nach Paris. Die Mutter zieht nach Kassel um.

1806 Jacob wird Sekretär beim hessischen Kriegskollegium. Wilhelm legt das juristische Examen ab. Beide arbeiten an der von Achim von Arnim und Clemens Brentano herausgegebenen Volksliedersammlung »Des Knaben Wunderhorn« mit und beginnen Märchen und Sagen zu sammeln.

1807 Jacob scheidet aus seinem Amt aus.

1808 Im Mai stirbt die Mutter. Jacob wird in Kassel Bibliothekar des Königs Jérôme Bonaparte.

1809 Jacob wird Mitglied des westphälischen Staatsrats. Wilhelm reist zur Kur nach Halle, dann nach Berlin und besucht auf der Rückreise Goethe in Weimar.

1811 Die ersten Bücher von Jacob erscheinen.

1812 Die Brüder veröffentlichen den ersten Band ihrer »Kinder- und Hausmärchen«.

1813 Jacob wird hessischer Legationssekretär und begleitet die alliierten Truppen nach Paris.

1814 Wilhelm wird Bibliothekssekretär. Jacob reist zum Wiener Kongress. Beide arbeiten auch als Journalisten für den »Rheinischen Merkur«.

1815 Jacob reist wiederum nach Paris. Wilhelm unternimmt eine Rheinreise und trifft nochmals Goethe.
Band 2 der »Kinder- und Hausmärchen« erscheint.

1816 Jacob wird zweiter Bibliothekar in Kassel und Mitglied der kurhessischen Zensurkommission.
Band 1 der »Deutschen Sagen« erscheint, Band 2 1818.

1819 Band 1 von Jacobs »Deutscher Grammatik« erscheint, Band 4 1837.
Die Brüder werden zu Ehrendoktoren der Universität Marburg ernannt.

1821 Wilhelm wird Erzieher des kurhessischen Prinzen Friedrich Wilhelm.

1825 Wilhelm heiratet Henriette Dorothea (Dortchen) Wild; der erste Sohn, der 1826 geboren wird, stirbt im selben Jahr. Es folgen noch drei weitere Kinder. Die »kleine Ausgabe« der »Kinder- und Hausmärchen« erscheint.

1830 Die Brüder ziehen nach Göttingen um: Jacob wird Professor an der Universität und gemeinsam mit Wilhelm Bibliothekar.

1831 Wilhelm wird außerordentlicher Professor an der Göttinger Universität, ab 1835 ordentlicher Professor.

1833 Jacob wird zum Hofrat ernannt.

1837 Die Brüder schließen sich dem Protest der Göttinger Sieben an, sie werden aus dem Staatsdienst entlassen; Jacob muss zu seinem Bruder Ludwig nach Kassel ziehen.

1838 Wilhelm zieht mit seiner Familie ebenfalls nach Kassel.

1840 Die Brüder werden nach Berlin berufen, um das »Deutsche Wörterbuch« fertigzustellen; 1841 ziehen sie dorthin um.

1844 Jacob reist nach Italien, Dänemark und Schweden.

1846 Jacob wird zum Vorsitzenden der ersten Germanistenversammlung in Frankfurt am Main gewählt.

1847 Jacob wird zum Vorsitzenden der zweiten Germanistenversammlung in Lübeck gewählt. Er reist nach Wien und Prag.

1848 Jacob wird Abgeordneter der Nationalversammlung in Frankfurt am Main. Er hält seine letzte Vorlesung an der Berliner Universität.

1852 Auch Wilhelm beendet seine Vorlesungstätigkeit; die Brüder arbeiten wissenschaftlich weiter.

1854 Der 1. Band des »Deutschen Wörterbuchs« erscheint.

1859 Wilhelm stirbt am 16. Dezember.

1863 Jacob stirbt am 20. September.

Quellenangaben

Aus den kleineren Schriften von Jacob Grimm. Meijer u. Jessen, 2. Aufl. Berlin 1911 (zuerst 1871).

Aus den Schriften von Jacob Grimm. Mit zehn Bildern. Zusammengestellt von M. Rassem. Habbel. Regensburg 1948.

Brüder Grimm: Kinder- und Hausmärchen. Die handschriftliche Urfassung von 1810: Herausgegeben von Heinz Rölleke. Reclam Verlag . Stuttgart 2007.

Brüder Grimm: Kinder- und Hausmärchen. 3 Bände. Ausgabe letzter Hand mit den Originalanmerkungen der Brüder Grimm. Herausgegeben von Heinz Rölleke. Reclam Verlag. Stuttgart 2010.

Brüder Grimm: Deutsche Sagen. 2 Bände. Nachwort von Ludwig Denecke. Goldmann Verlag. München o. J.

Deutsche Sagen herausgegeben von den Brüdern Grimm. Zwei Bände in einem Band. Nachwort von Lutz Röhrich. Wissenschaftliche Buchgesellschaft. Darmstadt 1982.

Die älteste Märchensammlung der Brüder Grimm. Synopse der handschriftlichen Urfassung von 1810 und der Erstdrucke von 1812. Hrsg. und erläutert von Heinz Rölleke. Fondation Martin Bodmer. Cologny-Genève 1975.

Die ursprünglichen Märchen der Brüder Grimm. Die wahren Geschichten neu entdeckt. Jubiläumsausgabe 200 Jahre Handschriftliche Urfassung. Hrsg. v. Kurt Derungs. edition amalia. 2., erweiterte Neuaufl. Grenchen bei Solothurn 2010.

Gerstner, Hermann: Die Brüder Grimm. Ihr Leben und Werk in Selbstzeugnissen, Briefen und Aufzeichnungen. Mit 20 Bildern. Langewiesche-Brandt. Ebenhausen bei München 1952.

Grimm, Hermann/Hinrichs, Gustav (Hrsg.): Briefwechsel zwischen Jacob und Wilhelm Grimm aus der Jugendzeit. 2., verm. u. verb. Aufl. besorgt v. Wilhelm Schoof. Weimar: Böhlaus Nachfolger 1963.

Grimm, Wilhelm: Kleinere Schriften. Herausgegeben von Gustav Hinrichs. 4 Bände. Dümmler. Berlin 1881–1883, 1887.

Kinder- und Hausmärchen gesammelt durch die Brüder Grimm. Vollständige Ausgabe auf der Grundlage der dritten Auflage (1837). Herausgegeben von Heinz Rölleke. Deutscher Klassiker Verlag. Frankfurt am Main 1985.

Kinder- und Hausmärchen gesammelt durch die Brüder Grimm. Vollständige Ausgabe mit einer Einleitung von Herman Grimm und der Vorrede der Brüder Grimm zur ersten Gesamtausgabe von 1819. Winkler Verlag. 13. Aufl. München 1990.

Kleinere Schriften von Jacob Grimm. Auswahl. Druck u. Verlag von Otto Hendel. Halle o. J.

Rölleke, Heinz/Schindehütte, Albert: Es war einmal... Die wahren Märchen der Brüder Grimm und wer sie ihnen erzählte. Eichborn/Die andere Bibliothek. Frankfurt am Main 2011.

Seitz, Gabriele: Die Brüder Grimm. Leben – Werk – Zeit. Winkler Verlag. München 1984.

Literaturverzeichnis

Brüder Grimm. Leben, Werk und Wirkung. Herausgegeben vom Kulturamt der Stadt Böblingen. Böblingen 1985 (Böblinger Ausstellungskataloge, H. 3/85).

Gerstner, Hermann: Die Brüder Grimm. Biographie. Mit 48 Bildern. Hohenloher Druck- u. Verlagshaus. Gerabronn u. Crailsheim 1970.

Iba, Eberhard Michael (unter Mitarbeit von Walter Iba) (Hrsg.): Auf den Spuren der Brüder Grimm von Hanau nach Bremen. Märchen – Sagen – Geschichten. Pustet. Regensburg 1978 (Deutsche Märchenstraßen).

Martus, Steffen: Die Brüder Grimm. Eine Biographie. Rowohlt. 2. Aufl. Berlin 2009.

Rölleke, Heinz: Die Märchen der Brüder Grimm. Quellen und Studien. Gesammelte Aufsätze. Wissenschaftlicher Verlag. Trier 2000.

Rölleke, Heinz: Die Märchen der Brüder Grimm. Eine Einführung. Reclam. Stuttgart 2004.

Schede, Hans-Georg: Die Brüder Grimm. Deutscher Taschenbuch Verlag. München 2004.
Schindchütte, Albert: Die Grimm'schen Märchen der jungen Marie. Hitzeroth. Marburg 1991.
Solms, Wilhelm: Die Moral von Grimms Märchen. Wissenschaftliche Buchgesellschaft. Darmstadt 1999.
Uther, Hans-Jörg: Grimms Kinder- und Hausmärchen nach der großen Ausgabe von 1857, textkritisch revidiert, kommentiert u. durch Register erschlossen. 4 Bände. Diederichs Verlag. München 1996.
Uther, Hans-Jörg: Handbuch zu den »Kinder- und Hausmärchen« der Brüder Grimm. Walter de Gruyter. Berlin, New York 2008.

Bildnachweis

bpk. Staatsbibliothek Berlin (Bildnummer 00011 505): S. 54
Bildatlas zur Geschichte der Deutschen Nationalliteratur. Bearbeitet von Gustav Könnecke, Marburg 1887: S. 7 (2)
Bilderbuch »Der Froschkönig« 1989, illustriert von Binette Schroeder, Nord-Süd-Verlag Zürich 1989: S. 40
Brüder Grimm-Museum Kassel (Copyright by BGM Kassel. www.grimms.de. All rights reserved): S. 14, 16, 31, 76, 77, 104
Der deutsche Spielmann, Bd. 36, Callwey München 1908: S. 95
Franz, Kurt: S. 95, 101
Grimm: Deutsche Sagen. Goldmann Verlag München o. J. (Illustration: Wolfgang Taube): S. 71
Historisches Museum Hanau, Schloss Philippsruhe: S. 18
Märchen der Brüder Grimm. Diogenes Verlag Zürich 1974: S. 82
Märchenstiftung Walter Kahn: S. 108 (Foto: Ralph Musselmann/mvi); S. 109 Gudrun Schulz/Werner Schinko, Design: Ralph Musselmann/mvi

Seelig, Renate: Das Hausbuch der Märchen. Gerstenberg Verlag Hildesheim 2011, S. 66
Riemann, Robert (Hrsg.): Kinder- und Hausmärchen, gesammelt durch die Brüder Grimm, in 3 Bd.; ill. von Otto Ubbelohde; Turm-Verlag Leipzig 1906: S. 63
Rölleke, Heinz/Schindehütte, Albert: Es war einmal ... Eichborn Verlag 2011: S. 33
Staatliche Kunstsammlung Kassel: S. 21
Verwaltung der Staatlichen Schlösser und Gärten, Bad Homburg: S. 15, 17, 31
Wikipedia (gemeinfrei) 2012: S. 13, 24 (Foto: H.-P. Haack), S. 26, 35, 50, 55, 62, 73, 79, 84 (Foto: Ziegelbrenner), S. 86, 88, 92, 99, 103 (Foto: OTFW), S. 105, 106 (2), 110

Trotz aufwändiger Recherchen ist es uns nicht gelungen, alle Rechtsinhaber zu ermitteln. Wir bitten Sie, sich gegebenenfalls an den Verlag zu wenden.

Über die Verfasser

Prof. Dr. Dr. phil. Kurt Franz, geb. 1941 in Ossegg/Sudetenland; Ordinarius i. R., Institut für Germanistik, Universität Regensburg; Präsident der Deutschen Akademie für Kinder- und Jugendliteratur; im Vorstand der Märchen-Stiftung Walter Kahn; zahlreiche Veröffentlichungen zur Erzählforschung, zur Kinder- und Jugendliteratur, zum Literaturunterricht und zur Leseförderung; Kindersachbücher (u. a. »Lesen macht stark«)

Dr. Claudia Maria Pecher, geb. 1976 in Ichenhausen/Bayerisch-Schwaben, wissenschaftliche Mitarbeiterin am Institut für Jugendbuchforschung, Goethe-Universität Frankfurt am Main; Vizepräsidentin der Deutschen Akademie für Kinder- und Jugendliteratur und Vorstandsmitglied der Märchen-Stiftung Walter Kahn

WELTLITERATUR FÜR JUNGE LESER

Kennst du Rainer Maria Rilke? vorgestellt von Horst Nalewski
ISBN 978-3-937601-25-0, EUR 12,80
Kennst du E.T.A. Hoffmann? vorgestellt von André Barz
ISBN 978-3-937601-31-1, EUR 12,80
Kennst du Heinrich Heine? vorgestellt von Winfried Bütow
ISBN 978-3-937601-32-8, EUR 12,80
Kennst du Heinrich von Kleist? vorgestellt von Arno Pielenz
ISBN 978-3-937601-43-4, EUR 12,80
Kennst du Franz Kafka? vorgestellt von Karlheinz Fingerhut
ISBN 978-3-937601-44-1, EUR 12,80
Kennst du Anna Seghers? vorgestellt von Friedrich Albrecht
ISBN 978-3-937601-58-8, EUR 12,80
Kennst du Erich Kästner? vorgestellt von A. Koopmann/ B. Meyer
ISBN 978-3-937601-88-5, EUR 12,80
Kennst du Friedrich Schiller? vorgestellt von Jürgen Klose
ISBN 978-3-937601-73-1, EUR 12,80
Kennst du Fjodor Dostojewski? vorgestellt von Roland Opitz
ISBN 978-3-937601-75-5, EUR 12,80
Kennst du Leo Tolstoi? vorgestellt von Martin Schneider
ISBN 978-3-937601-83-0, EUR 12,80
Kennst du Georg Büchner? vorgestellt von Silvia Frank
ISBN 978-3-937601-87-8, EUR 12,80
Kennst du Friedrich Hölderlin? vorgestellt von Hans-Jürgen Malles
ISBN 978-3-937601-97-7, EUR 14,80
Kennst du die Brüder Grimm? vorgestellt von K. Franz/ C. M. Pecher
ISBN 978-3-86397-004-8, EUR 14,80
Kennst du Bertolt Brecht? vorgestellt von Gudrun Schulz
ISBN 978-3-86397-007-9, EUR 14,80 ***(erscheint demnächst)***

INGRID ANNEL

Glücksdrachenpech

Von Wassermännern, Drachen und Irrlichtern

Es ist noch gar nicht lange her, da lebten in den Seen, Teichen und Tümpeln Wassermänner, vor denen man sich besser in Acht nahm, und in den dunklen Nächten schwirrten Irrlichter umher, die manch unbedachten Wanderer ins Unglück stürzten. Wenn die Not im Haus gar zu groß war, dann half zuweilen ein ganz besonderer Hausgeist: der Plon. Ein Glücksdrache, herbeigesehnt und gefürchtet zugleich.

Hardcover
ISBN: 978-3-86937-001-7
12,50 Euro

FLORIAN RUSSI

Alids Traum

Einhorngeschichten

Hoch im Norden der Erdkugel gab es noch viele Eisberge. Einer von ihnen funkelte in der Sonne wie ein gewaltiger Diamant. Die Götter baten die Urkuh Audhumbla, diesen Eisberg abzulecken. Audhumbla erfüllte ihren Wunsch und befreite ein stattliches Einhorn aus der Eismasse. Zwölf fantasievolle Märchen und Geschichten erzählen von der Schwierigkeit des friedvollen Miteinanders auf Erden seit Anbeginn der Zeiten bis heute.

Hardcover
ISBN: 978-3-937601-89-2
17,20 Euro

www.bertuch-verlag.com

Bertuch